研修アクティビティハンドブック

参加者のモチベーションを引き出す学習テクニック

中村文子、ボブ・パイク 著
WRITTEN BY AYAKO NAKAMURA　　BOB PIKE

日本能率協会マネジメントセンター

‥‥ はじめに ‥‥‥‥‥‥‥‥‥‥‥‥‥‥‥‥‥‥‥

　本書は「参加者主体の研修手法」──つまり、講師が一方的に講義をする形式の詰め込み型の研修ではなく、参加者が受け取った情報について理解を確認したり、考えをアウトプットしたり、実践に向けてアイデアをまとめたり、という「主体的な学び」を支援するための、アクティビティ集です。

　講義中心の学びはどうしても退屈なものになってしまいます。一方で主体的な学びは、記憶への定着をサポートし、職場に戻ってからの実践につなげやすくなります。そして、研修の最終目的である、ビジネス上の結果を出すことに貢献します。

　主体的な学びの場をつくりたい──そう考える講師・インストラクターは多いことかと思います。しかし、「具体的にどうすればいいのか思いつかない」「具体的な方法が知りたい」と思う方も多いことでしょう。

　実は、著書の1人、アメリカでは「講師養成の第一人者」として認識されているボブは、主体的な学びを支援するためのアクティビティ集を、これまでに何冊も出版しています（残念ながら日本語に翻訳された本はありません）。

　私自身、「参加者主体の研修手法」を学び始めた頃は、理屈はわかるけれど、具体的な実践となると、自分ではなかなかアイデアがわいてきませんでした。そして、「あの場面に使えるアイデアはないかなぁ……」とボブが書いたアクティビティ集をパラパラとめくって探していたものです。

　本書は、そのように、「もっといい研修をするために何かいいアイデアがないかなぁ」とパラパラとめくって探していただく目的でまとめました。

　第1章は、「参加者主体の研修手法」にはじめて触れる方向けに、意図や目的をご理解いただくために、背景にある理論の概要を解説しています。「アクティビティ」といっても、単に場を盛り上げるために行うのでは意味がありません。研修の目的や達成したいことをサポートするためのもの

であってこそ、意味があります。

　また、研修全体としては一方的な講義に終始し、アクティビティをひとつだけ取り入れたからといって、学びの効果は劇的に変わるものでもありません。

　私たちの過去の著作『講師・インストラクターハンドブック』（2017年）、『研修デザインハンドブック』（2018年、いずれも日本能率協会マネジメントセンター）をまだお読みになっていない方は、第2章の具体的なアクティビティの紹介を見る前に、ぜひ第1章を読んでください。そして、基盤となる理論をつかんだうえで、第2章に進んでいただければと思います（もし、本書を通して「参加者主体の研修手法」の理論に興味をもっていただいたら、『講師・インストラクターハンドブック』や『研修デザインハンドブック』にさらに詳しい内容を掲載していますので、そちらも手に取っていただければ幸いです）。

　2017年に上梓した『講師・インストラクターハンドブック』では、効果的な研修とはどのようなものか、講師・インストラクターの役割や求められるスキルを、デリバリー、ファシリテーション、そしてインストラクショナルデザインの3つの面から網羅しました。そして、2018年に上梓した『研修デザインハンドブック』は、とくにインストラクショナルデザインに焦点を当てて、深堀りしました。

　これらの本をすでにお読みいただいた方、また著者の研修に参加いただいたことがある方も多くいらっしゃるかもしれません。そのような方は、第1章は割愛、もしくは簡単に復習していただき、実際には第2章の具体的な手法から目を通していただくと良いと思います。

　過去の2冊を通じて、研修において、参加者に主体的に学んでいただくことの重要性や、企画段階でのインストラクショナルデザイン作成の重要性を伝えてきました。

　そこで多く聞こえてきた声が、

「大切だということは理解したし、何か工夫したいと思うけれど、具体的な方法が思いつかない！」

　というものでした。

　今回は、そんな声にお応えし、これまでに英語では出版されているボブのアクティビティの本から、私自身も使って効果的だと思うものを選りすぐるとともに日本の研修において使いやすいようにアレンジし、さらに本書オリジナルのものも加えて50のアクティビティ集をまとめました。

「講師養成と言えばボブ・パイク」と言われるボブは、今年で講師歴50年を迎えました。その記念の意味も込めた50のアクティビティ。
　本書をお読みいただいた皆さまが、研修のさまざまな場面で活用していただき、世の中から退屈で身につかない研修や授業をゼロにするという私自身の夢に、また一歩近づければと願っています。

ダイナミックヒューマンキャピタル株式会社
中村文子

＊本書の第2章は、研修に利用するためのアクティビティとして、フォーマットなどをコピーしてお使いいただくことができます。しかし、第1章および研修への利用の用途以外での複写複製は、法律で認められた場合を除き、著作者および出版者の権利の侵害となりますので、あらかじめ許諾を求めてください。

CONTENTS

アクティビティ動画のご案内

　本書でご紹介するアクティビティの一部を、動画で解説しています。動画では、進め方のポイントのほか、実際のアクティビティの様子をご紹介します。本とあわせて動画をご覧いただくことで、本だけではなかなか伝わらないイメージも具体的になり、より確実に研修での実践をサポートします。

アクティビティ動画 一覧　「QRコード」または「アクセスコード」よりご覧ください

無料公開

◎ **オープニング 2** .... できるだけ高くへ
◎ **オープニング 8** .... 「ユニークな点」と「共通点」
◎ **ボブ・パイクから皆さまへのメッセージ**

アクセスコード gk4251.umu.co

有料公開 ＊UMU 上での購入のお手続きが必要となります

● **オープニング 1** .... 視点を変える
● **オープニング 5** .... 「学びたいこと」投票
● **オープニング 6** .... 「何を」「どうして」「どのように」
● **オープニング 7** .... 「約束」と「お願い」
● **オープニング 9** 5つ選ぶ
● **オープニング 10** .... ネームテント
● **リビジット 2** .... 同じ形の友だち
● **エナジャイザー 1** .... そこでストップ!
● **エナジャイザー 2** .... トイレットペーパー !?
● **エナジャイザー 7** .... ストレッチ
● **エナジャイザー 9** .... ペンキ塗り
● **その他のアクティビティ 3** ..... ウィンドウ・パニング
● **その他のアクティビティ 10** ... 無意識の意識化

＊UMU 上での視聴となります
＊本サービスは、予告なく終了する場合がありますのであらかじめご了承ください
＊動画の視聴にあたり、メールアドレスをご登録いただきます。ご登録いただいた個人情報の利用目的は次の通りです
　・お問い合わせに対応するため
　・ダイナミックヒューマンキャピタル株式会社のサービスに関する情報を今後お届けするため

第 1 章

アクティビティが研修の効果を高める!

1-1

主体的な学びをつくる
研修アクティビティ

　研修が効果的なものになるか、そうではなくなるか——その違いを生み出すものは何でしょうか。本書は、その違いを生み出すもののひとつとして、参加者の「主体性」に着目しています。

　では、なぜ参加者が主体性をもって学ぶことが大事なのでしょうか。なぜ、研修アクティビティが参加者の主体性を高めるのでしょうか。まずはそういった視点から、研修を捉えなおしていきましょう。

本項の
Key word

「研修に求められるもの」
「受け身な学び」
「主体的な学び」
「研修アクティビティ」
「タキソノミー」

研修に「主体性」が求められる理由

研修の目的と講師の役割

　講師・インストラクターであれば、効果の高い「いい研修」を行いたいと思うのは当然のことです。では、「いい研修」とは一体どのようなものでしょうか。

　その答えは、研修が行われる目的にあります。とくにビジネスにおける研修の目的はいたってシンプル。**研修の目的は、結果を出すこと**です。

　知識やスキルを習得することや、研修で学んだことを実践することは、結果を出す途中の指標であってゴールではありません。ましてや、講師・インストラクターであれば気にせずにはいられない研修に対する参加者の満足度も、大切な指標のひとつではありますが、「満足度を高めること」自体が目的ではないのです。

学習の５段階

　学習には次ページに示す５つの段階があります。

　通常教える内容についてレベル４に達していないと、講師を任されることはないと思いますが、講師を務める人は、レベル５にならないといい研修はできません。そして、講師は参加者が学習の段階を上がっていくことを支援するわけですが、「説明を聞く」だけでは仮に「理解」はできたとしてもスキルとして「できる」状態にはならないため、レベル３や４には到達できないのです。

　このように、「**学んだことを参加者が実践し、ビジネス上の結果に貢献する**」という視点で研修を考えたとき、研修、そして研修を行う講師・インストラクターには、17ページのような役割が求められます。

このような研修を実現しようと考えたとき、**「講義を聞く」** スタイルの研修より、**「参加者が主体的に関わる」** 研修のほうが、その効果が期待できます。なぜなら、「話を聞く」という受け身な学び方より、「考察する」「発言する」「練習する」「アウトプットする」などといった**主体的な学び方のほうが、記憶に残る**からです。また、そのプロセスを通して感情との結びつきが生まれるため、**モチベーションの向上や、記憶への定着にも貢献する**といった効果があります。

　「いい研修」を考えるとき、これらは欠かせない視点ではないでしょうか。

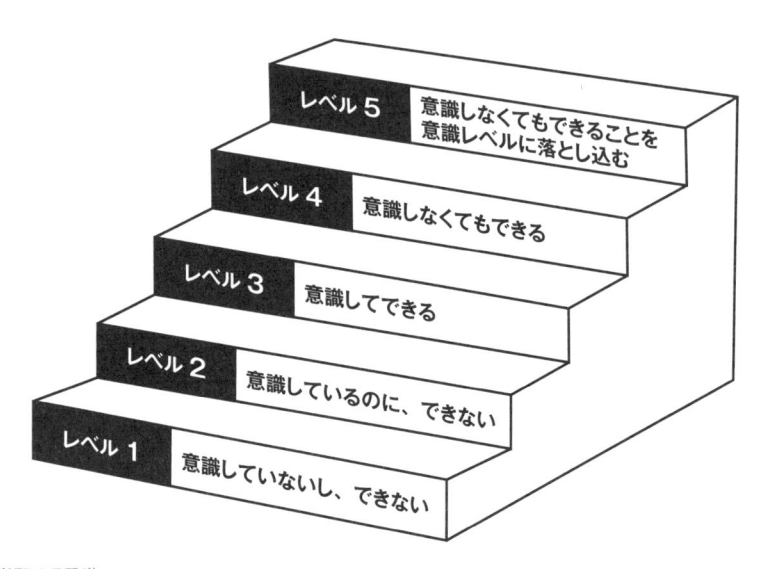

レベル5	意識しなくてもできることを意識レベルに落とし込む
レベル4	意識しなくてもできる
レベル3	意識してできる
レベル2	意識しているのに、できない
レベル1	意識していないし、できない

学習の5段階

POINT!

◎研修に求められるもの

- ●知識やスキルの習得など、学習の目的が達成できる研修である

  研修に参加したけれど理解できなかった、スキルの習得ができなかったということでは、職場に戻っての実践以前の課題である

- ●習得したことを実践すれば、ビジネス上の結果につながるようにデザインされている

  実践してもビジネスの結果につながらないようであれば、研修の企画そのものを見直す必要がある

- ●学んだこと・習得した重要な点を、参加者が職場に戻っても記憶している

  すべてを記憶する必要はないが、主要な内容は記憶していないと実践が難しくなる

- ●学んだこと・習得したことを、「実践しよう」という意思が継続する

  研修終了後の実践に対するモチベーションを持続してもらうことは必須である

◎講師の役割

- ●（講師が研修をデザインするのであれば）上記のような研修をデザインすること

- ●効果的なデリバリーとファシリテーションを通して、参加者が結果を出すのを支援すること

主体的な学びをつくる研修アクティビティ

「研修アクティビティ」とは

　研修に参加者の主体性が必要なことは、ご理解いただいたかと思いますが、では参加者に主体的に関わってもらうために、何をすればいいでしょうか。オープニングで参加者の興味を引きつけたり、一方的な講義ではなく主体的に学びに取り組んでもらったりするためには、具体的にどのような進め方が必要なのでしょうか。

　本書では、こうした**「主体的な学びを促進する具体的な方法」**を総称して、**アクティビティ**と呼びます。「研修ゲーム」や「ワークショップ」「グループワーク」「ワーク」などと呼ばれるものも含んだ言葉だと考えてください。

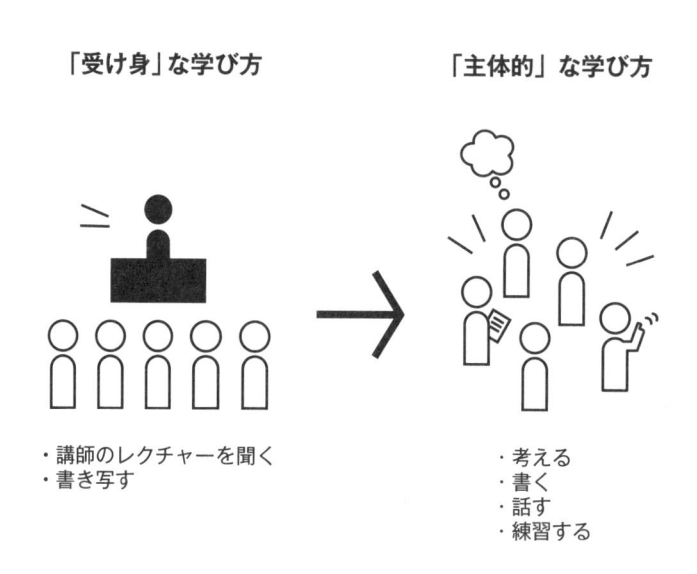

「受け身」な学び方 → 「主体的」な学び方

・講師のレクチャーを聞く
・書き写す

・考える
・書く
・話す
・練習する

なぜアクティビティが必要なのか

なぜこのようなアクティビティが、研修に必要なのでしょうか。

研修の目的は「結果を出す」ことである、と先ほどお伝えしました。「結果」とは、ビジネス上の結果、つまり、ビジネス上のさまざまな指標（売上、顧客満足度など）に貢献することです。

「結果を出す」ためにはさまざまな事柄が必要ですが、**少なくとも学んだ内容を理解するだけにとどまらず、活用・実践していなければ、結果にはつながりません。**

学びの職場での実践は**下記の３つの段階を経て、はじめて可能になります**。これは、Benjamin Bloom（後にLorin W. Anderson, David R. Krathwohl 2000）の**タキソノミー（教育目標分類学）の「認知過程次元」**の最初の３段階です。

1. 学んだ内容を記憶していること
2. 学んだ内容を理解していること
3. 学んだ内容を活用・実践できること

講師の一方的な講義をただ聞くだけでは、「記憶」することすら達成できないのは、エビングハウスの忘却曲線が示す通りです（20ページ参照）。聞いているときは理解できていると思っていても、あとになって資料を見返したら理解があやふやであることに気づいたという経験をしたことがある方は多いのではないでしょうか。

一方、たとえば講義を聞いたあとに、「自分が理解したことをほかの人に教えるつもりで、アウトプットしてみる」というアクティビティを行った場合はどうでしょう。「聞いた情報を自分なりにまとめる」「自分の言葉でアウトプットする」というアクティビティを通して理解を深めることができます。

このように、研修は、ただ単に知識を提供するだけではなく、参加者が主要な内容を記憶し、理解できるようにデザインします。**「わかったつも**

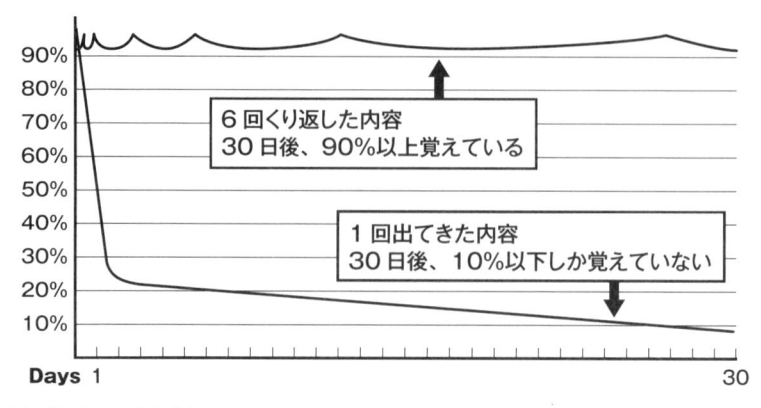

エビングハウスの忘却曲線

り」ではなく、**本当に理解できるように設計された研修を行う**ことが大切なのです。そして、それは講師の話を「聞く」だけでは実現しにくいことなのです。

　また、講義を聞くだけで活用や練習の機会がないままでは、「実践」できるレベルには到達しないでしょう。そのため、活用や実践、練習の時間を設け、**「理解している」レベルを超えた「実践・活用できる」レベルになって職場に戻る**ような工夫も必要です。

　なお、Bloomのタキソノミーでは、さらにその内容が全体像や目的に対してどう関連しているかなどを「**分析**」できること、「**評価**」できること、それらを活用して新しいものを「**創造**」できることへと続きます。研修の目的である「結果を出す」に至るためには少なくとも３つめの段階（活用・実践）まで到達している必要があります。しかし、内容・状況によっては最上位段階の「創造」まで求められることもあるでしょう。「講義を聞く」だけでは、このようなレベルに達するのが難しいことは言うまでもありません。**自分で「創造」できるようなレベルに至るように研修を設計するのが講師の役割**です。その際、アクティビティを通した主体的な学びは、大きな助けとなることでしょう。

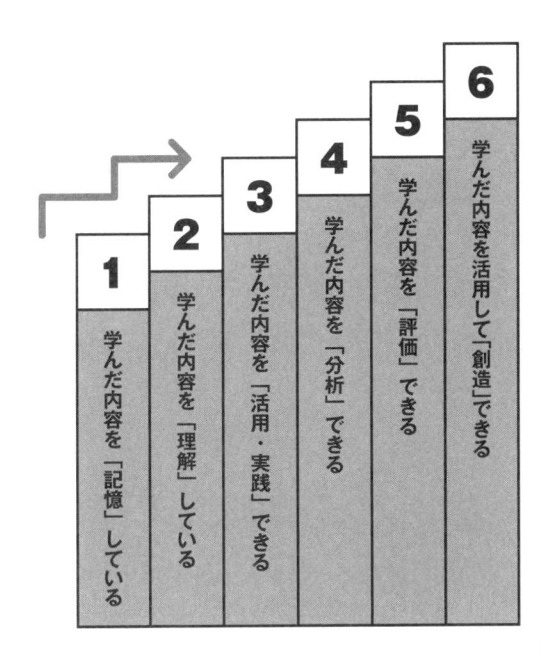

集合研修を行う意義とアクティビティの重要性

　研修においてアクティビティが重要な理由を、別の観点からも考えていきましょう。

　そもそも「知識を付与する」「伝える」のが研修の目的であれば、デリバリースキルに優れている講師による動画やeラーニング、ウェビナーなどで十分です。もっと言えば、書籍でも事足りるかもしれません。デジタルネイティブとも呼ばれる世代やミレニアル世代であれば、最近注目を集めているモバイルラーニングやマイクロラーニングなどのほうがむしろ効果的なのではないでしょうか。

　モバイルラーニングとは、スマートフォンやタブレットなどのデバイスを利用した学習で、マイクロラーニングとは細かく区切ったコンテンツを１〜３分という短時間で学べるようにした教材を活用する学習です。

　わからないことがあったらすぐに「ググる」ということが習慣化してい

る世代には、日常の行動に合っていて抵抗が少ないためATD（Association for Talent Development）でも注目を集めています。

　このように、対面で行う研修以外の方法で同等の効果が得られるのであれば、何もわざわざ時間と費用をかけて集合研修を行う意味はないわけです。

　集合研修を行うからには、集合研修でしかできないことを行う必要があり、集合研修でしか得られない成果が必要なのです。

　集合研修でしかできないことは、次の４つに大きく分けられます。

《集合研修でしかできないこと》

体験や練習	学んだ、あるいはこれから学ぶ知識やスキル、コンセプトなどをその場で体験したり、学んだスキルの練習をしたりすること （例：課題解決について学ぶ際にケーススタディなどを用意して実際に行う、OJTトレーナーがOJTの効果的な方法を学びそれをロールプレイで練習するなど）
講師との対話	講師からの問いかけに対して考え、回答したり、また深堀りする問いかけを通して気づきや学びを得たり、講師からフィードバックやアドバイスを得たりすること
参加者同士の対話	ディスカッションやアクティビティを講師がファシリテーションし、その活動の中で参加者同士が対話を行うことで、ほかの人の発言からも気づきを得たり、相乗効果で良いアイデアを生み出したりすること
アクティビティ	目的に合わせてデザインされたアクティビティを通して、参加者が考察したり、課題に取り組んだり、問題解決をしたりする。その体験を通して、気づきや学びを得たり、感情の変化を経験すること

アクティビティで感情をゆさぶる

　アクティビティの有効活用を推奨する理由として、もうひとつ見逃せない大切な点があります。それは、**「感情をゆさぶるできごとは、平凡なできごとよりも記憶に残りやすい」**という事実です（『ブレイン・ルール』ジョン・メディナ著、NHK出版刊、p105）。さらに、脳科学の分野では、**「ネガティブな感情より、ポジティブな感情と結びついた情報のほうが長期記憶に定着しやすい」**ということも定説になっています。

　これは研修において、何を意味するのかを考えてみます。

　まず、「平凡な講義」は、忘れられる可能性が高いということになります。エビングハウスの忘却曲線でも知られるように30日経つと1割も覚えていないこととあわせて考えると、研修を行う意義を根底から揺るがすことになります。

　話術に優れている人は、聞き手の感情をゆさぶるような話ができるかもしれません。聞き手が感動したり、気持ちが高ぶったりするような講義も不可能ではなく、そうした感動は長く記憶に留まることもあるでしょう。

　ただそれは、ごく一部の才能がある人だけに可能なことです。そのような才能をもった人しか講師という役割を担えないとなると、研修という大切な学習機会を、ごく一部の人に依存することになってしまいます。

　一方、参加者が主体的に学びに関われるようなアクティビティを研修に取り入れることができれば、参加者はアクティビティを通して意義のある体験をすることができます。その体験の中で学びや気づきを得ることもあるでしょうし、「楽しい」「思った通り進まなくて焦ったけれど最後はできた」など、さまざまな感情が生じることでしょう。感情が動くことで、学びはより印象的なものとなり記憶に残りやすくなるのです。

　アクティビティを効果的に活用することで、講師の話術に依存せず、意義のある学びを実現しやすくなるというのも、アクティビティを取り入れる大きなメリットと言えるでしょう。

研修アクティビティの種類

アクティビティを活用するには

ここまでの内容をまとめると、研修では次の3つの点が重要です。

- 受け身ではなく、参加者が主体的に関わること
- 感情を伴う経験をすること
- 長期記憶への定着をサポートするために、重要な点はくり返すこと

そして、これらをサポートするのが「研修アクティビティ」となりますが、本書では次の5つのシーンに分けてアクティビティの具体的な進め方を紹介していきます（それぞれのアクティビティは、第2章を参照してください）。

《研修アクティビティの種類》

オープニング	研修への興味・集中を高めてもらったり、安心して学べる学習環境をつくったりするためのアクティビティ
クロージング	研修で学んだ内容についての振り返りを行い、今後の実践に向けて整理したり、アクションプランを立てたりするアクティビティ
リビジット	学んだ内容を記憶に留めることを手助けするアクティビティ（短時間で行うリビジットは20分に一度行う）
エナジャイザー	脳を活性化させるアクティビティ
その他	研修内容を「講義」することに代わるアクティビティ

1-2

研修アクティビティの基本理論

　本書で紹介するアクティビティは、すぐに真似できるものばかりです。そのまま取り入れることもできますが、その効果を最大化するために、背景にある理論を知っておくことをお勧めします。

　本書がベースとしているのは、心理学や脳科学などを基盤にした「参加者主体の研修」の手法。一体、どういった理論に基づいてアクティビティがつくられているのか検証していきましょう。

本項の Key word

「学習の法則」
「学習スタイル」

学習の法則

本書で紹介する「参加者主体の研修手法」のアクティビティは、心理学や脳科学などを基盤にしていますが、その基本的な考え方は、以下の5つの「学習の法則」に集約されます。

法則1　学習者は大きな身体をした赤ちゃんである

子どもは、さまざまな体験を通して学んでいきますが、大きくなるにつれ、また大人になるとさらに、体験から学ぶ機会は減り、人の話を黙って聞くことで学ぶように求められてしまいます。

ですが、**大人も体験や経験から学ぶことは多いのです**。大人であればなおさら、これまでの経験や豊富な知識をもちあわせていますので、**その経験や知識を最大限に活用して新たな学びを積み上げる**のが良いのです。

研修では、参加者が何も知らないことを前提に講義を始めるのではなく、既存の知識を活用して取り組めるアクティビティから始めてみましょう。そして、解決できなかったことについて、講師が補足説明するという流れにするのです。そうすることで、「すでに知っていることを延々と聞かされる苦痛」はなくなります。

あるいは、理論の説明の前に、実際に体験してもらう流れにはできませんか？　たとえば、新入社員向けのホウレンソウ（報告・連絡・相談）の研修で、「経過報告をしないと、上司は不安になる」ということについて、言葉で説明するのではなく、次のような体験を提供してみてはどうでしょうか。

――ペアをつくります。美容院のように、1人は椅子に座り、もう1人は背後に立ちます。椅子に座った人は美容院で身に着けるようなケープを着けます。背後に立った人は、ハサミを持ちます。ただし、着席している人の前に鏡はありません。

この状況で座っている人に、「これから、鏡がない状態で髪を切るとしたら、どんな気持ちですか？」と問いかけます。通常は鏡があるので経過を確認しながら切ってもらうわけですが、鏡を見るのは最終確認の時だけだとすると、「不安だ」と答える人が大半でしょう。それが、「途中経過の報告を怠ると上司が感じるかもしれない不安」だとまとめます。「不安」という言葉に感情移入し、学ぶモチベーションにつながったり、記憶に残りやすくなったりする効果が期待できます。

　こうした体験をベースとした研修を受けることで、問題意識をもって真剣に取り組む意欲が高まることが期待できます。

POINT!

◎「**法則1　学習者は大きな身体をした赤ちゃんである**」実践例
- 研修トピックについてのこれまでの経験を参加者同士で共有し、そこから学び合う機会を設ける
- 研修トピックについて、研修の場で疑似体験してもらい、そこから気づきや学びを得る
（例：良い（あるいはダメな）営業担当者と顧客の対話シナリオを用意し、感情を込めてそれを読むことで疑似体験するなど）
- ロールプレイなどを最初に行い、うまくできることと課題について自己認識してもらう
- もっている知識を活用してアクティビティに取り組んでもらったあとに、講師が解説する

法則2　人は自分が口にしたことは受け入れやすい

　人から言われたことよりも、自分の考えを言葉にして発したほうが「自分事」として捉えることができます。これは、コーチングとも共通する考え方です。

　研修で講師があれこれ言うことよりも、**参加者自身が考え、自分で発する言葉のほうが、「自分事」となり、研修後の行動に結びつきやすいのです**。

　たとえば、クレーム対応について学ぶ際に、最初に「どんな対応をしてもらうと納得できるか」を参加者の過去の経験から思い出して、共有してもらいます。ここでは参加者が接客した側ではなく、客の立場としての経験を引き出します。そして、参加者の発言を肯定しつつ、講師側が用意していた内容を補っていきます。

　参加者の言葉を最初に引き出すことなく、「べき論」を押しつけると、「現実はそんなに甘くない」などの言い訳や反論が出やすくなります。一方、最初に自分自身が客の立場として感じた、「効果的なクレーム対応方法」を発言している場合、講師が語るクレーム対応の手法がはるかに受け入れやすくなるのです。

> **POINT!**
>
> ◎「**法則2　人は自分が口にしたことは受け入れやすい**」実践例
> - 学んだ内容の中から、「重要だと思ったこと」「納得したこと」「実践したいと感じたこと」などを選んで、自分の言葉で表現してもらう
> - 学んだ内容について、「なぜこれが重要なのか」「これを行うメリットは何か」などを考えて、自分の言葉で表現してもらう
> - 資料を読んで理解したことを、ほかの人に説明してもらう

法則3　習得はいかに楽しく学ぶかに比例する

　研修講師はエンターテイナーではありません。笑いをとろうと努力する必要はありませんし、盛り上がることがベストだというわけでもありません。

　しかし、**笑いは脳に好影響を与えますし、「楽しい」という感情を伴うことで、長期記憶に定着しやすくなります。**逆に、過度なストレス状態にあると、脳の学習能力が低下します。

　研修では、ちょっとしたゲーム感覚やユーモアをうまく取り入れ、自然な笑いが起きると理想的です。また、知的好奇心が刺激されているという意味での「楽しさ」から生まれるエネルギーも、うまく活用したいものです。

POINT!

◎「**法則3　習得はいかに楽しく学ぶかに比例する**」実践例
- アクティビティに取り組む際、「終わったチームは着席して良い」などというゲーム感覚のルールで早さを競う
- 複数の設問をチームで分担する際はくじで選ぶなど、遊び心を取り入れる
- 座席や順番を決める際、偽札トランプなど遊び心のあるグッズを用意する

法則4　行動が変わるまで学習したとは言えない

　研修の目的は「知る」ことではなく、**「知ったこと・習得したことを職場で実践すること」**です。さらには、**実践した結果、ビジネス上の成果を生み出すことが最終的なゴール**です。

　ですから研修では、何かを頭で理解したところで終了するのではなく、練習を重ね、成功体験を積み重ねて自信をつけてもらい、「職場に戻って早く実践したい」というモチベーションを高めた状態にまでもっていく必

要があります。

「参加者は大人なのだから、実践するかどうかは本人次第」という発言を聞くことがあります。もっともらしく聞こえますが、講師の役割は「知識を伝えること」だけではありません。**習得を支援し、参加者が職場に戻ってから実践しようとする、感情的な変化を生み出すことも講師の役割**です。

POINT!

◎「法則4　行動が変わるまで学習したとは言えない」実践例
- 次のトピックに移る前に、振り返って理解の確認や整理をする時間を設け、何をどう活用するかを考え、書き出してもらう
- 研修後のフォローアップについて研修前に計画し、予告しておく
- 研修前後に参加者の上司を巻き込み、参加者が研修で学んだことを実践できるようサポートしてもらう
- 研修後の実践に際して障害になりそうなことを予測し、その対策を考えたり、練習したりしておく

法則5　くわっ、くわっ、くわっ

鳥の親子にまつわる中国の諺からヒントを得た法則です。

まとめると、「ママがパパに何かを教え、パパができるようになったところで終わりではない。パパがさらに子どもにそれを教え、子どもができるようになった時点ではじめてパパは本当に習得したと言える」という内容です。

つまり、自分が習得したことを、ほかの人に教えられるレベルになって、はじめて本当に習得したと言えるのです。

うわべだけの理解では、そのレベルには到底到達できませんので、いったん自分の中で咀嚼し、腹落ちさせ、さらには練習・実践して自信をつけてはじめて、ほかの人に教えられるレベルになれるのでしょう。研修は、

ここまで見据えてデザインしていくものなのです。

POINT!

◎「**法則5　くわっ、くわっ、くわっ」実践例**
- **理解したことを自分の言葉に置き換えてアウトプットしてもらう**
- **自分が理解したことを、ほかの人に教えるとしたらどう教えるかのシミュレーションを行う**

学習スタイル

学習スタイルとは

　1人ひとり食べ物の好き嫌いがあるように、学び方にも好みがあります。この好みを「**学習スタイル**」と呼びます。

　学習スタイルはあくまでも好みであり、「何が良くて、何が悪い」というものではありません。学びを促す存在である講師・インストラクターとしては、さまざまな学習スタイルを理解し、それぞれの参加者のスタイルを尊重することが大切です。

　以下では、Personal Learning Insights Profileという学習スタイルの分類法を紹介します。①**情報の構築（具体的タイプ、大枠タイプ）、②何を学ぶか**（情報タイプ、実践タイプ）、③**学習プロセス**（参画タイプ、考察タイプ）の観点から検討していきます。

学習スタイルの分類① 情報の構築

「情報の構築」は、何か新しいことを学ぶ際に、その情報がどのように構築されているのが好きかによる分類です。ここでは、次の２つに分類されます。

具体的タイプ	・情報が系統立って構成されているほうが受け取りやすい ・ロジックツリーのように整理・分類されていて、どういう順序でどう進んでいくかが見える形になっているほうが安心する
大枠タイプ	・ざっくりと全体像をつかんで、自分に必要な情報を好きなようにアレンジするのを好む ・細かく順序立てて指示されると窮屈に感じる

◎活用例：情報の構築

（例１）研修内容（アジェンダ）を紹介する際

具体的タイプ	細かく提示し、今どこかが常にわかるようにすると安心する
大枠タイプ	アジェンダが細かすぎると窮屈に感じる、提示されても気にしないこともある

（例２）アクティビティの指示を出す際

具体的タイプ	進め方、時間配分、順序、役割分担、求めるアウトプットなど細かい指示があったほうがスムーズに動いてくれる
大枠タイプ	細かい指示は窮屈に感じたり、指示とは異なる方法で進めたり、意外なアウトプットが出てくることがある

　どちらが良くてどちらが悪い、というものではありません。**まずは自分のタイプを認識し、自分のタイプに寄りすぎていないかを検証する**ことが大事です。**常に中間でバランスを保つ**ようにするのがポイントです。

学習スタイルの分類②　何を学ぶか

　何を学ぶかという点については、「情報タイプ」と「実践タイプ」に分類できます。

情報タイプ	・新しい情報を得ること自体が楽しいと感じる ・「自分が知らないことを知る」ということに楽しみがある
実践タイプ	・自分に役に立つこと、すぐに活用できることを学びたいという気持ちが強い

　情報タイプの人は経験談、エピソード、裏話にも興味を示しますが、実践タイプの人は、そうした話が多すぎると「脱線が多い」「時間の無駄だ」と感じる傾向があります。研修は限られた時間で行うものなので、実践的な内容に焦点を当てざるを得ませんが、時には情報タイプの好奇心を刺激するような場面も必要です。

　また、研修では触れないにしても、補足情報や参考図書、参考資料などはワークブックに掲載しておき、さらに知りたい人はどこにアクセスすれば良いかを提示するという方法も考えられるでしょう。

　アクティビティを行う際、アクティビティの目的を明確に示すことは実践タイプの人にとって大切です。「楽しいから」「盛り上がるから」というだけのアクティビティではなく、やる意味があることを示しましょう。

学習スタイルの分類③　学習プロセス

　学習プロセスに関しては、「参画タイプ」と「考察タイプ」に分類できます。

参画タイプ	・人との関わりの中で学ぶことを好む ・対話の中で頭の整理ができたり、アイデアが浮かんだり、腑に落ちたりすることが多い
考察タイプ	・受け取った情報をいったん自分1人で考える時間を必要とする ・ディスカッションなどを行う前に、まずは静かに自分の中で整理する時間を要する

　考察タイプの人は考える時間を必要とするため、すぐに発言をしない傾向があります。その間に、参画タイプの人がどんどん発言して話が進んでいくと、考察タイプの参加者は「発言が少ない＝積極的ではない」という印象をもたれてしまったり、参加者自身がストレスを感じてしまったりする可能性もあります。一方、**参画タイプの人にとっては、ほかの参加者と話すなど、関わる時間がない状態が続くのはストレスです。**知識の整理ができず、思考を発展させることができないこともあるでしょう。

　また、参画タイプの人が多い時は、「盛り上がる」けれど、考察タイプの人が多い時は静かでリアクションがないように感じることもあります。

　こうしたタイプの違いによる対策として、次のような方法が考えられます。

POINT!

◎「参画タイプ」と「考察タイプ」の違いへの対策

●アクティビティの進め方を変える
　まずは個人で考え、書き出す時間を設けたのちにディスカッションをするのを基本の流れにする

●ペア、3人、4～6人と話すチームの人数を変えて運営する
　常にペアだと1人で考える時間が少なくなるため、考察タイプにはストレスがかかる（4～6人のディスカッションだと、ほかの人が話している間に考えることができる）。一方、参画タイプの人は、常に4～6人だと話す機会が少なくなるので、ペアワークも織り交ぜる

学習スタイルを研修に活かすには

参加者がどの学習スタイルをもっているのか、事前に知ることができたら準備できるかもしれません。ですが現実には、参加者のタイプを事前に知ることはできないでしょうし、知れたとしても、おそらくバラバラなので、**特定のタイプに合わせた準備をするのは難しいでしょう。**

ではどうしたらいいでしょうか。前提として、「今日は全員が大枠タイプだ」ということはあり得ません。つまり、**どの項目に関しても、両方のタイプが存在する**という前提で、どちらのニーズにもある程度合うように**準備する**必要があります。ポイントは次の2つです。

POINT!

◎学習スタイルを研修に活かす

ポイント①　講師が自分のタイプを把握しておき、自分の好みに偏らないようにする

自分が学びやすいからといって、参加者もそうだというわけではないため、自分のタイプを把握し、無意識のうちにそちらに寄ったデザインやファシリテーションにならないよう準備する

ポイント②　当日の様子から推し量る

参加者が話をしたいタイプ（参画タイプ）かじっくり考えたいタイプ（考察タイプ）かは、当日の参加者の様子から推し量ることができることも多い。

たとえば、考察タイプが多いようなら、ディスカッションの時間の前の個人で考えをまとめる時間をやや長めにとる、個人でリフレクションしたあとにシェアする時間を毎回はとらないなど当日の微調整でも対応可能。また、アクティビティのプロセスを説明した際、「順番はどう決める？」「発表の時間は？」など細かい確認の質問が多いようであれば、具体的タイプであるというサイン。具体的タイプの参加者が多い場合は、自分の指示をいつもより細かくするなどの対応をとる

1-3

参加者が主体的で安心して
学べる場をつくる

　アクティビティを活用する場合、研修の「場づくり」「雰囲気づくり」も大切な要素です。参加者が安心して学べる環境をつくることができていたら、活発な意見交換ができたり、自己開示が進んだり、新しい発想が多く出てきたりといった集合研修ならではの効果がより得やすくなるためです。

　ここでは、安心して学べる場づくりを行うためのポイント、そして参加者にモチベーション高く参加してもらう方法を検討していきます。

**本項の
Key word**

「開放性」「仲間性」「支配性」
「選択権・決定権」
「全員を巻き込む」
「モチベーション高く学んでもらうための11の方法」

安心して学べる環境をつくる

安心して学べる環境と「開放性」

　安心して学べる環境とは、見方を変えると、**参加者同士がさまざまなことを率直に話せるような人間関係が構築された状態**とも言えます。心理学博士のウィル・シュッツ氏はそのような関係性を**「開放性」**と呼び（『すべてはあなたが選択している』、翔泳社刊、p262）、その「開放性」を構築する前段階には、**「仲間性」**と**「支配性」**があるとしています。

「仲間性」というのは、その集団に入りたいかどうか、その集団の一員でありたいかどうかを決めるもののことです。その決定には、**「自分のことを重要な存在だと感じているかどうか」が影響を与えている**といいます（同p254-255）。また、「支配性」は、ほかの人を支配したいのか支配したくないのか、人から支配されたいのか支配されたくないのかを決めるもののことです。

　これを研修に当てはめて考えてみましょう。

「安心して学べる学習環境」をつくるためには、**研修に参加する人が、自分が重要な存在だと感じられ、「その場にいたい」と思い、さらに、権限や責任のバランスがとれている状態**をつくる必要があるということになります。こうした条件がそろって、はじめて参加者同士がさまざまなことを率直に話せるような人間関係（開放性）をつくることができるのです。

　このことは、経験的にも理解できるのではないでしょうか。

　たとえば自分の存在や発言が受け入れられなかったり、軽視されたりするのではないかという不安があると、発言をしなくなったり、他人と距離を置くこともあるでしょう。一方で、受け入れられたいという気持ちが強いと、どんな場面でも積極的になりますが、その気持ちが強すぎるあまり威圧的な行動をとったりする人もいるのです。

参加者が安心して学べる環境をつくるうえでは、①**選択権・決定権**、②**全員の巻き込み**がポイントです。

ポイント①　選択権・決定権

研修が終了すると参加者は職場に戻ります。ほとんどの場合、そこには助けてくれる講師はいません。**参加者は、自力で研修での学びを実践していかなければならないのです。**「実践しなさい」などと強制されることもありませんので、**「実践しよう」という気持ちを持続させ、主体性をもって行動してもらう必要がある**のです。

研修後にこのような状態をつくりたければ、**研修中から参加者に主体性を発揮してもらう**ほうが良いでしょう。

ですが、普段行われる研修は、講師から参加者への指示の嵐になっていないでしょうか。

・「○○しましょう、○○してください」
・「この順序でお願いします」
・「この通りやってみてください」
・「指示があるまで開かないでください」
・「○○さんは○番をやってみてください」
・「目標は○○です。がんばりましょう」

研修中に人から指図を受ける状態が続くと、参加者は受け身の姿勢で学ぶことになってしまいます。**研修中は受け身の姿勢を求め、研修終了と同時に主体的に学びを実践してもらうことを期待するというのは、矛盾しています。**研修中から主体的に学んでもらい、研修後もそれを持続できるように参加者を導くためには、**参加者が自分の学習プロセスについて選択権や決定権をもっている**ことが必要なのです。

そういう意味でも、**参加者ができることを講師は行わない**ことが大切です。たとえば、次のようなことはすべて参加者に行ってもらいます。

POINT!

◎参加者にやってもらうこと（講師は行わないこと）

●座席を選ぶ
「同じ部署の人とは離れて座ってください」など、意図を説明したうえで依頼する

●場所や道具などを選ぶ
どのボードを使うか、サインペンは何色を使うか、何色の付箋を使うかなど、些細なことでも自由に選んでもらう

●役割を選ぶ
「リーダー」「タイムキーパー」「書記」などの役割は、固定せずランダムにローテーションする

●ペアワークの相手を選ぶ
「普段、接点のない人と組んでください」「今日まだ会話をしていない人と組んでください」「ここは深めてもらいたいので、業務内容がわかる人と組んでください」など、意図を伝えて自由に組んでもらう

●取り組む課題、取り組む順序を選ぶ
ロールプレイ、ケーススタディ、演習問題などは複数用意し、どれに取り組むか、どんな順序で取り組むかを決めてもらう

●研修後に実践することを自分で考えて決める
「どの部分を、いつ、どこで活用するか」を参加者自身に決めてもらう

●発表する順番を選ぶ
講師が発表の順番を指定するのではなく、参加者に主体的に決めてもらう。「最初に発表してくれるチームは？」と問いかけたあと、なかなか手が挙がらない場合は、「考えたことをほかのチームに言われる前に言ったほうが楽ですよ」などと促す

ポイント② 全員の巻き込み

　参加者に、「自分は重要な存在だ」と感じてもらうために大切なのが、一部の人だけが積極的だったり、仕切ったりするのではなく、**参加者全員が平等に学びのプロセスに関わっている状況を保つ**ことです。講師と参加者1人ひとりの1対1の対話によって成り立たせるのではなく、**全員を巻き込む**ことが大切です。

　リーダーシップを発揮しているように見える一部の人だけが重要な存在で、あまり発言しない人は存在価値が低いということではありません。**全員に、自分は大切な存在だと感じてもらえるようにする**のです。

　全員が平等に学びのプロセスに関わっている状況をつくるうえでのポイントとして、発言の機会を平等にする工夫とメンバーを固定しない工夫をまとめます。

POINT!

◎全員が平等に学びのプロセスに関わっている状況をつくる工夫

- ●話す前に個人で考える時間をとる
  学習スタイルの差を考慮し、ディスカッションやアクティビティの前に、個人で考えをまとめる時間（考えた内容を付箋に書き出すなど）をとる

- ●リーダーを決める
  リーダーは固定せず常に交代させる

- ●発言を制限する
  「1人30秒」「1人ひとつずつ」など、発言時間、発言量を制限する

- ●道具を使う
  道具は全員に行き届くようにしたり（5人チームの場合、ペンは最低5本など）、発言者は何か持つなどの工夫をしたりする

モチベーション高く学んでもらうための11の方法

参加者のモチベーションを高める

　研修中、参加者にモチベーション高く学んでもらうために、講師ができることはほかにどのようなことがあるでしょうか。

　次の11の項目について、講師が実践できることをまとめます。

POINT!

◎モチベーション高く学んでもらうための 11 の方法

方法①　ニーズをつくり出す
方法②　自己責任を感じてもらう
方法③　興味をもたせ、維持する
方法④　実生活に当てはめることができるような経験を提供する
方法⑤　賞賛する、励ます、認める
方法⑥　健全な競争を促進する
方法⑦　講師自身がワクワクしている
方法⑧　長期的な目的を設定する
方法⑨　内面的なモチベーションの価値を理解する
方法⑩　対人関係を強化する
方法⑪　参加者に選択の自由を与える

方法①　ニーズをつくり出す

　自分にとって必要なことであると認識している時は、参加者の学ぶ意欲が高まるものです。研修において、「これは必要である」「学ぶと自分の役に立つ」と参加者に感じてもらう工夫をすることは、とても大切です。ニ

ーズを感じているかどうかで、同じ研修を受けても吸収力が大きく異なるからです。

　必要性を感じてもらうためには、次のような方法が効果的です。

◎**実践例：ニーズをつくり出す**

- ●参加者の仕事のどんな場面でどのように役立つかを明示する
- ●参加者のどんな課題が解決できるかを明示する
- ●参加者にどんなメリットがあるかを明示する（効率が上がる、ミスが減るなど）
- ●過去の参加者がどのように活用し、どのような成果を出しているか実績を紹介する

方法②　自己責任を感じてもらう

　他人事ではなく自分事に感じてもらうような工夫をします。参加者には、次のようなことを研修中に行ってもらいます。

◎**実践例：自己責任を感じてもらう**

- ●研修を有意義な時間にするためのグラウンドルールや参加姿勢を、参加者自身に決めてもらう
- ●研修で何を習得して帰るのか、目標設定を行ってもらう
- ●研修後に起こす行動を具体的に決め、実践計画を立て、宣言してもらう

　ポイントは、これらを参加者対講師という関係の中だけで実現するのではなく、**参加者間の連帯責任**の中で実現するように工夫することです。つまり、グラウンドルールを守ることは講師に対しての敬意ではなく、「ほ

かのメンバーに対して自分が果たす責任である」という意識を1人ひとりの参加者にもってもらうのです。

◎実践例：参加者の連帯責任を形成する

- グラウンドルールを守れている人を褒めるのではなく、全員ができているチームを褒める
- 目標設定や実践計画を参加者同士で検討し、宣言し合ってもらう
- 目標設定や実践計画をフォローアップし合う相手を決めておく
- リーダーを固定せず、全員に回るようにして全員に責任感を高めてもらう
- リーダー以外にも、さまざまな役割を分担して運営してもらう（例：配布物の係、タイムキーパーなど）
- 課題に取り組んだり、リビジットを行ったりする際、チーム内で全員が理解できているか確認してもらうなどして、チームメンバー1人ひとりがお互いにサポートする

方法③　興味をもたせ、維持する

　参加者の興味や集中力が途切れないようにするには、研修中は、**8分に1回、参画してもらう**ようにデザインします。

　脳は退屈なことには興味を示しません。一方的に講義を聞くなどの受け身な状態が8〜10分続くと、興味や集中力が持続しにくくなります。そこで、8分に1回は講師からの問いかけに対して考えたり、何かを書いたり、誰かと話したり、という能動的になる機会を設けます。

　この考えに当てはめると、理想的な90分の構成例は次のページのようになります（90分に一度は休憩をとります）。

　20分というのをひとつの単位として研修をデザインし、大事なポイントを忘れないようにするために、20分に1回リビジットを行います。

　さらにその20分の中に8分ごとの参画の時間を組み込んでいきます。

《興味をもたせ、維持するための研修デザイン（タイムスケジュール）》

進行	トピック	所要時間
0〜5分	これから1時間半の内容のオープニング	5分間
5〜25分	項目1 ・トピック1 ・参画1 ・トピック2 ・参画2（リビジット）	8分間 1分間 8分間 3分間
25〜45分 45〜65分 65〜85分	項目2 項目3 項目4	上記の5〜25分のパターンをくり返す
85〜90分	ここまでの85分の内容のクロージング	5分間

　講師の一方的な話が続くと、どんなに意欲が高い参加者でも眠たくなってしまいます。8分に1回の参画を徹底し、参加者が能動的な関わりをしてもらうように工夫しましょう。

　また、休憩後に再開するときや午後の眠くなりやすい時間帯には、少し体を動かすアクティビティ（エナジャイザー）やディスカッションなどのアクティビティを取り入れます。

方法④　実生活に当てはめることができるような経験を提供する

　参加者に「学ぼう」「実践しよう」という意欲をもってもらうためには、実践でどう活用できるか具体的にイメージしてもらう必要があります。「理論は理論」「それができれば理想的だけど、現実は……」などと感じてしまうような状況では、研修後、実践に結びつけることへのギャップが大きくなってしまいます。

　そこで、次のような方法を通して実生活に当てはめることができる経験を提供します。

◎**実践例：実生活に当てはめることができるような経験を提供する**
- ●何をどんな場面でどう活用するかを検討する時間を設ける
- ●新しいスキルを職場での現実に当てはめて練習する機会を設ける
- ●実践したらどんな成果やメリットがあるかを検討する
- ●実践しないとどんな結果やデメリットがあるかを検討する

方法⑤　賞賛する、励ます、認める

　研修中に参加者を褒めたり、認めたり、励ましたり、感謝の言葉を伝えたりする機会をたくさん見つけましょう。

- ・「発表ありがとうございます。」
- ・「ご質問ありがとうございます。」
- ・「ご協力ありがとうございます。」
- ・「それ、良いアイデアですね！」
- ・「さっきより進歩していますね！」
- ・「順調ですね！」
- ・「その調子です！」
- ・「時間内に終了していただき、ありがとうございます。」
- ・「（休憩時間後）時間通りにお戻りいただいて、ありがとうございます。」

　講師からだけでなく、参加者同士でもこのような声がけを行えるように促します。

方法⑥　健全な競争を促進する

　遊び心があって楽しめるレベルの競争をうまく取り入れましょう。「うまくやりたい」「進歩したい」という気持ちがモチベーションにつながります。

ただし、**「健全な」**という点には配慮が必要です。これは、**「誰も傷つかない」**という意味です。講師にとっては楽しめるレベルの競争でも、参加者も同様に受け止めているかは検討が必要です。

　たとえば、下記の競争は「楽しめるレベル」でしょうか。

・個人対抗で点数を競い、結果をすべて公表する
・チーム対抗で点数を競い、結果をすべて公表する
・個人対抗で点数を競い、１位もしくは上位だけ公表する
・チーム対抗で点数を競い、１位だけ公表する
・競争はするが結果は公開しない

　内容にもよりますが、これらは楽しいと感じる人と感じない人の個人差があります。どれが「良い」「悪い」ということではありません。単に好みの差であったり、育ってきた環境や受けてきた教育の影響で異なったりすることもあるでしょう。

　講師は、**参加者の自尊心を傷つけることなく、楽しく学ぶという目的に「プラスの影響」を与える方法**を見極める必要があります。

　研修中によくある場面として、課題や問いかけに対して「答え」を予測してもらい、その後、「答え合わせ」「解説」を行うことがあります。その際、次のような工夫をすることで、「健全な競争」を促進することができるでしょう。

POINT!

◎健全な競争を促進するポイント
- ●個人を指名して解答を発表してもらうことは避ける
- ●解答を考えてもらったあとに発表は求めず、講師が解答・解説を伝える（もしくは自己採点してもらう）
- ●解答・解説のあと、誰がどういう成績だったかは確認しない

このような運営方法は、ちょっとした競争の要素はありながらも、比較的安全に進められます。なお、チーム対抗でアクティビティを行う場合、勝ち負けや成績が明白になったとしても、ゲーム感覚で楽しめるように運用します。

◎実践例：健全な競争を促進する

- 全員の前で指名して解答させる
  - →指名や発表を控え、講師が解説する（または自己採点してもらう）
- 成績（点数）を公開、発表する
  - →自己採点をし、間違えた箇所は資料などで確認してもらい、不明点は質問してもらう
- （チーム対抗のアクティビティなどで）1位以外のチームを責める
  - →1位のチームを称えるだけにする

- アクティビティやディスカッションを制限時間内に終わらせる
- 立ってアクティビティに取り組み、終わったチームは着席してもらう
- 講師が説明する前に答えを予測してもらう
- 自分の目標に対して達成度合いを自己評価する

方法⑦　講師自身がワクワクしている

　参加者にモチベーション高く学んでもらいたいのであれば、講師自身のモチベーションを最高の状態にすることが必要です。それが前提になっていなければ、どんなにデザインやテクニックを工夫しても、うまくいくはずがありません。**講師のモチベーションが高いかどうか、参加者には敏感に伝わる**ためです。

とはいえ、講師も人間なのでいろいろな問題が起きるでしょう。

「忙しくて疲れが溜まっている」「研修以外の仕事のピークと重なり、その仕事がどうしても気になる」「研修前日にトラブルが起きて対応に追われた」「プライベートで心配事がある」「体調が悪い」——起きないほうが良いことですが、絶対にないとは言えません。

また、社内講師を引き受けたけれど、内容や人選に100%納得はしていない、同じ研修を10回以上行っていて少し飽きているなど……あってはいけないことではありますが、講師も人間なのでさまざまな可能性が考えられます。

研修においては、講師側の事情は参加者にはまったく関係のないことです。研修にネガティブな影響を及ぼすことは極力防がなくてはなりません。

そこで、講師として研修が始まる前に気持ちを切り替え、研修に集中できるような「ルーティン」を決めておくことをお勧めします。

たとえば次のようなものです。

・研修の日の朝食に食べるもの
・研修前に聴く音楽
・研修の日に身に着けるアイテムや色
・研修前日に行うこと

方法⑧　長期的な目的を設定する

大人の学習には、学ぶことが自分にどう役立つのか、学びの意味・意義が欠かせません。**今日この研修でこれを学ぶことに、参加者にとって長期的な視点でどういう価値があるのか**という意味づけが必要なのです。

具体的には、次のように実践します。

> ◎**実践例：長期的な目的を設定する**
> - ●組織の戦略や方針のどこに関係している内容かを示す
> - ●個人の能力開発やキャリアの発展にどう関連しているかを示す

方法⑨　内面的なモチベーションの価値を理解する

　そもそもの議論として、**モチベーションのない人はいません。何にモチベーションを感じるか、何に刺激されるかが人によって異なるだけです。**

　中には、モチベーションを感じる理由や表現の仕方が、講師が期待・予想する通りの方もいれば、講師の期待や予想とは異なる方もいます。講師の期待や予想と異なっていたとしても、それは**参加者に「モチベーションがない」のではなく、モチベーションを感じる理由や表現方法が異なるだけ**なのです。

「競争」のような要素でモチベーションが高まる人もいれば、「競争」が苦手な人もいるでしょう。ほかの人やチームのことよりも自分が満点をとることが大切な人もいれば、満点ではなくても成長している実感が大切な人、上司や誰かから認められることを欲している人など、ほかにもさまざまです。

「100点をとれなくて悔しくないのはモチベーションがないからだ」などといった偏見・先入観をもたないようにしたいものです。

　また、研修中の参加者の言動から、「あの人はモチベーションがない」などと安易に決めつけないようにします。

　講師養成の中で、「難しい参加者への対応」を学んでもらう際、「モチベーションがない人にどう対応すれば良いか？」という質問を受けることが多くあります。その際、私はいつもこのように問いかけます。

「参加者のどんな言動を見て、モチベーションがないと感じるのですか？ 具体的に挙げてもらえますか？」

そこで挙げられるのは、次のようなものです。

・ディスカッションの際に発言がない
・メモをとらない
・遅刻してくる
・研修中に電話に出る
・離席する
・無表情
・問いかけても「とくにありません」などの返事しかしない
・何をどう実践するかのイメージがわかないと言う
・否定的な発言が続いている

　こうした言動をとる参加者は、本当に「モチベーションがない」のでしょうか。

　ほかの参加者がメモをとっているのに、その人はメモをとっていなかったという事実はたしかにあるでしょう。しかし、だからと言って、「あの人はモチベーションがない」と結論づける根拠にはなりません。すでに知っている内容なのでメモをとる必要がなかったのかもしれませんし、講師の話に刺激を受けていろいろなアイデアが浮かび、まずは自分の中で整理しようと、考えることに集中していたのかもしれません。

　ほかの例についてもさまざまな事情が考えられます。**参加者が、自分の期待する反応を見せない時に「モチベーションがない」と決めつけてはいけないのです。**

　参加者の態度に不可解なところがあった場合は、直接問いかけてみるのもいいでしょう。ただし、問いかけ方には注意が必要です。たとえば、「チームのアクティビティに参加していない参加者」に問いかけをする際、「チームのアクティビティには参加すべきだ」という考えを押しつけるような発言は避けます。

　参加者には、講師に見せていない正当な理由や、講師が期待するのとは

異なる事柄に基づくモチベーションが必ずあります。先入観や偏見をもたず、ニュートラルに話しかけるようにしましょう。

◎**参加者への問いかけ例：モチベーションがなさそうに見える場合**

NG例　「チームのアクティビティに積極的に参加していないようですが、どうかされましたか？」

OK例　「チームのアクティビティの際、ちょっと距離を置いた場所から観察しているように見えるのですが、どうかされましたか？」

　研修中によくある「モチベーションがなさそうな参加者」の言動に対して、いかにニュートラルに考えられるかを練習しておくと、実際に遭遇した際に冷静に対応できるようになります。また、**問いかけは、印象ではなく、事実を述べる**ことで客観性を高めるようにします。つまり、「モチベーションがない」のは講師が受ける印象ですが、「距離を置いた場所から観察している」のは視覚的に確認できる事実なので、その事実を伝えるというのがポイントです。

「モチベーションがなさそうに見える参加者の言動」に対して、以下に考えられる理由をまとめます。これ以外に、モチベーションがなさそうに見えるケースと理由として可能性があることを追加で考えてみてください。思いつくものを空欄に追記してみましょう。

《モチベーションがなさそうに見える参加者の言動とその理由》

ディスカッションの際に発言がない	・じっくり考えたかった ・経験の長い自分が先に発言するとほかの人が発言しにくくなるため、遠慮していた ・体調が悪い
メモをとらない	・その内容については熟知していてメモをとる必要がなかった ・講師の話に刺激を受けていろいろな考えが浮かび、まずは自分の中で整理しようと考えることに集中していた
遅刻してくる	・忙しい中でも何とかして参加したいと思って参加した
研修中に電話に出る	・研修には興味があるので、無理をして業務を調整して参加している ・責任感が強い
離席する	・体調が悪い ・緊急の業務を終わらせて研修に集中したい
無表情	・普段から無表情 ・感情を表に出さないタイプ
問いかけても「とくにありません」などの返事しかしない	・しっかり理解できている ・研修がわかりやすい
何をどう実践するかのイメージがわかないと言う	・せっかく来たから終わるまでに具体的なイメージをもちたいと願っている ・正直なのでウソは言いたくない
否定的な発言が続いている	・職場に戻って実践しようとした時の障害や逆風がイメージできているので、何とか解決して戻りたいと思っている ・過去に同じような失敗をしたケースを知っていて、くり返したくないと思っている
ふんぞり返って座って腕組みをしている	・普段からそんな座り方 ・深く考え込んでいる ・聴くことに集中している
覚えていない	・そもそも、短期記憶に一時的に保存された情報はリビジットしなければ時間が経過すれば忘れるもの ・多くのことを覚えようとしているため、忘れることが出てきてしまう

寝ている	・体調が悪い ・睡眠不足 ・忙しくて疲労が溜まっているけれど、研修には興味があるので無理をして業務を調整して参加している
質問が多い	・理解したいと真摯に思っている ・ほかの人も質問したいだろうということを察して代弁している

方法⑩　対人関係を強化する

　人間は社会的な動物です。研修の際にも人との関係性が大きな意味をもちます。「その場に存在していることが心地良い」「その場に所属していたい」「自分の存在意義がある」という感情を全員がもてるよう、**参加者同士の関係強化をはかる**よう努めます。

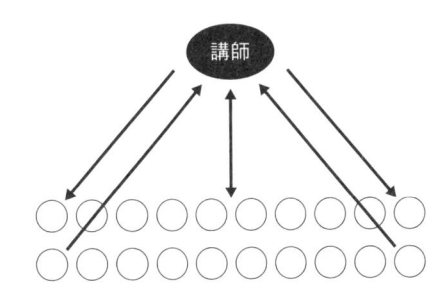

講師と参加者の対話のみ

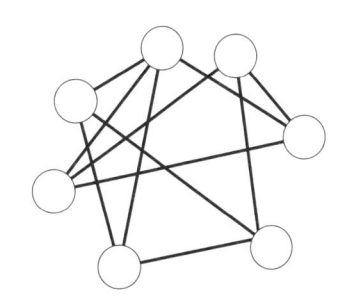

参加者同士の対話

講師と参加者との対話は必須ですが、参加者同士の対話にも大きな価値があります。各人がもつ知識や経験を共有することで、ほかの参加者が得るものは大きいからです。

　講師からだけではなく、ほかの参加者からのさまざまな知見が得られる環境をつくることができれば、集合研修を行う意義が高まります。

　なお、参加者同士の関係強化をはかる際、ストレスやプレッシャーをかけすぎないよう次の点に注意します。

POINT!

◎**実践例：対人関係を強化する**

●**少人数から徐々に広げていく**
　自己紹介をする際、いきなり1人ずつ全員の前で行うのではなく、ペアや数人のチームなど少人数からスタートし、徐々にほかのチームの人へと広げていく

●**いきなり自己開示を求めない、徐々に行う**
　「自分自身の成功談と失敗談を共有する」のは、かなりの自己開示が必要になるため関係構築が十分ではないオープニングの段階で話してもらうのは難しい。一方、「AとBではどちらが正解だと思うか？　それはどうしてか？」というテーマであれば、自己開示はほとんど必要なく、客観的な内容として話すことができる。このようにどのタイミングで、どこまで突っ込んだ（自己開示が必要な）話をするかを計画的にデザインし、参加者同士の対話が大きな負担にならないよう配慮する

　なお、「自己開示」については、研修の前半と中盤・後半に分けて考えます。研修のオープニングから前半は、自己開示が少ない内容を話してもらい、場が和んできた中盤～後半は、自己開示が必要な内容も含めるようにします。

POINT!

◎実践例：適切な自己開示をデザインする

●研修スタート時：自己開示が必要なく、話しやすい内容を選ぶ
・名前や担当業務など、公開されている情報
・自分が話しても良いと思う内容での自己紹介（趣味、好きな○○など、参加者自身に話す内容を選んでもらう）
・問いかけに対して、正しいと思うものとその理由
・提示された情報の中から、自分にとって重要・優先順位が高いと感じる項目とその理由

●中盤～後半：自己開示が必要な内容も含める
・自分自身の経験談（成功談、失敗談）
・自分自身が抱えている課題
・実践してみようと思うこととその理由

方法⑪　参加者に選択の自由を与える

　部下やチームメンバーに主体性を発揮してもらいたいというのは、誰もが思うことではないでしょうか。研修でも同様で、参加者には主体的に学び、職場に戻ってから主体的に学びを実践してもらいたいと考えるのは、講師であれば当然のことでしょう。

　そうであれば、**参加者が主体性を発揮できるような研修の運営・デザイン**が欠かせません。学習プロセスの中で、**「参加者が自ら考え、選び、決める」**ことが必要なのです。一から十まで講師が指図して参加者は言われる通りに動いているような状態で、参加者に主体性を期待するのは矛盾している——これは前にも述べた通りです。

　たとえば次のような選択肢を提供することで、参加者の主体性を引き出す場面をつくることができます。

なお、最後に挙げた「課題・ケーススタディに取り組んでもらう際、複数ある中からどれに取り組むか参加者に選んでもらう」という方法には、参加者の主体性を引き出す以外にも、次のようなメリットが期待できます。

・結果として分担することになり、短時間で多くの課題・ケースをカバーできる

Aチームが2番、Bチームが1番、Cチームが3番というように分担すると、全チームがそれぞれ3つの課題に取り組むよりも、検討・発表の時間が短くて済みます。結果的に、効率良く3つの課題について検討できるようになります。

・やらされ感が軽減される

与えられた3つの中から選ぶ、ということは、まったく自由に何でも良いというわけではありません。それでも、「自分が選んだ課題」であるという意識が生まれるため、やらされ感が軽減することが期待できます。

個人的な経験として、選択肢を提供すると、ケーススタディにおいて「こんな顧客はうちにはいません」などといった発言が激減します。

しかし、こうした方法を提案すると、講師の側からは次のような懸念が寄せられます。

・「座席やチームを自由にすると、仲の良い人だけで集まるのではないか」
・「発表の順序を指定しないと、発言がなかなか出てこないのではないか」
・「ゴール設定を任せると考えが浅いままだったり、考えがずれていたりするのではないか」

　こうした懸念については、次の方法によって対処することができます。

◎「参加者に選択の自由を与えること」で起こる懸念への対処法

①意図を伝えて協力してもらう
　参加者は大人なので、「同じ部署の人で固まらないように」などと意図を伝えれば協力してくれる。座席の決定の場合、時間が限られる際はくじ引きで決める方法も考えられる

②待つ
　講師から指名はせず、「各チームから発表をお願いします。どのチームからでも結構ですが、どこのチームが最初に発表してくださいますか?」と問いかけ、待つ。発表者・リーダーを決めておけば、おそらく手が挙がる。
　その後、最初に発表したチームに次の発表チームを指名してもらうこともできる。そうした運営を続けていくと、参加者も慣れ、徐々に手が挙がるのが早くなる

③問いかけの質を高める
　参加者の考えが浅かったりずれていたりするのは、講師からの問いかけの質に問題があることが多い。クローズドクエスチョンとオープンクエスチョンを効果的に組み合わせて、考えをまとめてもらうように促す

「③問いかけの質を高める」については、1-4で詳しく検討していきますが、あまりに自由度が高すぎる（オープンすぎる）と、考えをまとめにくいこともあります。選択肢を提示し、うまく誘導できるように工夫しましょう。

◎講師の問いかけ例

「ここまでを振り返って、感想や気づきを共有しましょう。」

- 「ここまでの内容を振り返り、学びを活かすために、自分が職場に戻ったとき、すぐにとるアクションを3つ挙げましょう。3つのアクションを挙げたら、チーム内で共有しましょう。」
- 「ここまでの内容で、もっとも役に立つと感じたことは何でしたか？　それはなぜそう感じましたか？　役に立つものとその理由をチーム内で共有しましょう。」

ディスカッションを活性化させる

「盛り上がっている＝活性化している」わけではない

研修中に、「話が盛り上がらない」ときにどうしたらいいか、という質問をよく受けます。問いかけても答えが返ってこない、チーム内で話が続かないなど、講師としては対応に悩むところでしょう。

たしかに、「盛り上がっている」と、参加者が興味をもって参加してく

れているように見えます。積極的に関わってくれているのであれば、講師としては安心するでしょう。

　でも注意したいのが、**「発言が多い」**（盛り上がっている）**からと言って、興味をもっている、前向きに受け取っている、深く学んでいる、とは限らない**ということです。

　実際には、研修中はとても発言が多くて楽しそうにしていた参加者の方が、アンケートで「あまり役に立たなかった」というようなコメントを残すケースもあれば、とても静かで「盛り上がりに欠けていた」のに、アンケート結果はひじょうに良く、研修後の実践度が高いというケースもあります。

　背景として考えられるのは、参加者それぞれの学習スタイルやコミュニケーション・スタイルの違いです。参画タイプ（34ページ参照）の参加者が多い場合、盛り上がっているように思えるかもしれませんが、考察タイプ（34ページ参照）が多い場合、盛り上がりに欠けるように見えるかもしれません。

　講師は研修中の「盛り上がり」だけで、判断しないようにしたいものです。

ディスカッションを活性化させるポイント

　こうした学習スタイルやコミュニケーション・スタイルの違いは前提としながらも、アクティビティやディスカッションは、できる限り活性化させたいものです。話し合いが活性化することで、より深い気づきや学びが得られるようになるでしょう。

　ディスカッションを活性化させるポイントとして、**話す内容や人数**を工夫します。

　次ページのように、上にある項目のほうが話しやすく、下にいくにしたがって、考えや意見など自己開示を伴うものになるので、話すハードルが上がると感じる方が多くなります。

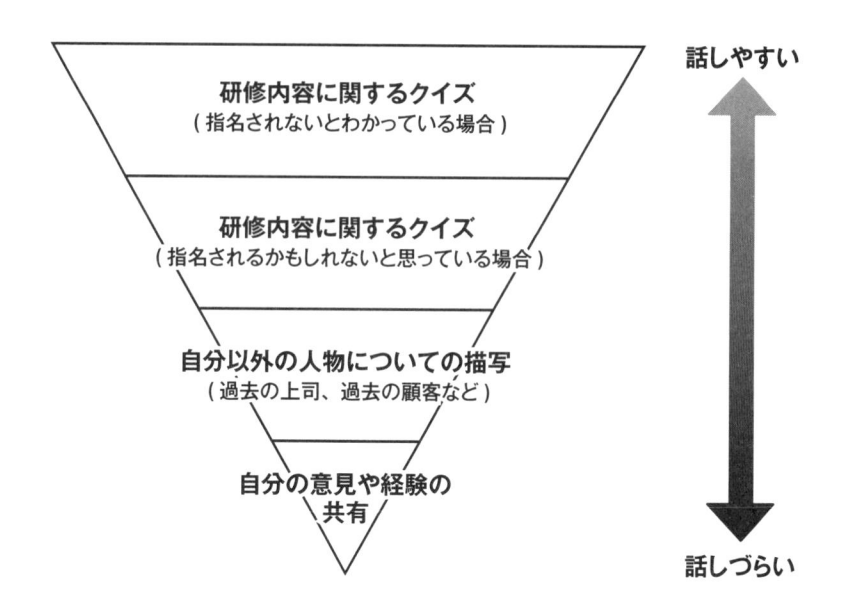

話しやすい

研修内容に関するクイズ
（指名されないとわかっている場合）

研修内容に関するクイズ
（指名されるかもしれないと思っている場合）

自分以外の人物についての描写
（過去の上司、過去の顧客など）

自分の意見や経験の
共有

話しづらい

　人数も、上のほうが話しやすく、下にいくにしたがってハードルが高くなります。

　研修のどのタイミングでどんなアクティビティを行うかは、内容と人数を組み合わせて判断します。
　研修開始直後、まだ場が温まっていないときにはペアなど少人数で話す機会を設けます。または、研修内容に関連した選択式のクイズの答えをチームで考えてもらうなど、内容的にハードルの低いアクティビティを提供するといいでしょう。
　そして、場が温まったら自己開示を伴うような内容を話してもらいますが、最初は少なめの人数（ペア）から始めて、研修後半に向けて徐々に数人のチームでも自分の意見や経験を共有できるように移行していきます。

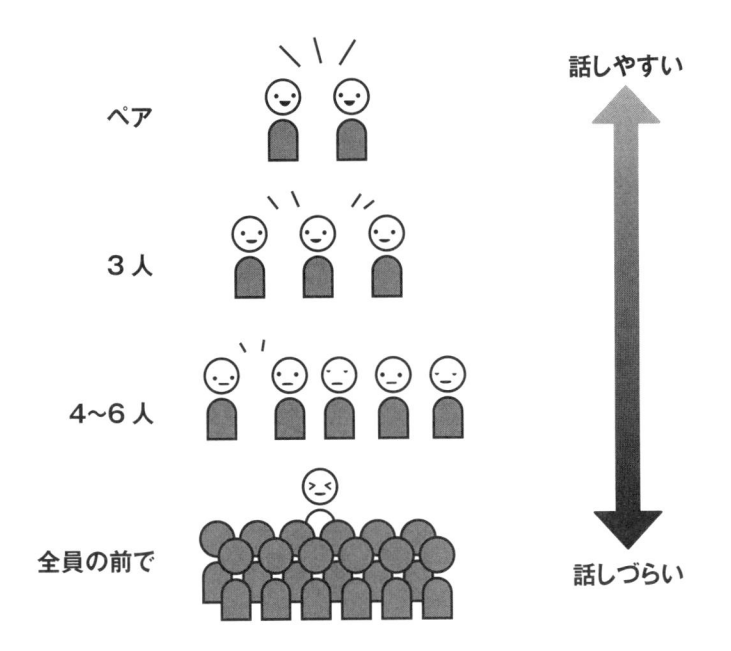

ペア

3人

4〜6人

全員の前で

話しやすい

話しづらい

音楽を活用する

　BGMも、ディスカッションの活性化に有効なツールです。ディスカッションやアクティビティの際、BGMを流しましょう。音楽のリズムが会話のリズムに好影響を与え、テンポ良く対話するサポートになる、音楽によって周りのチームの声が遮断され、自分のチームの対話に集中できる、といった効果があります。

　テンポの良い対話を促進したいので、スローすぎる音楽（たとえばヒーリング音楽など）はお勧めしません。

　そのほか、音楽を選ぶ際には62ページのポイントに注意します。

　ドラマや映画、CMで使用されたなど、知っている曲がかかると、意識が音楽に向いてしまいます。そのドラマやCMのことが思い出され思考が中断されてしまうのです。これはディスカッションの活性化という目的か

ら考えると、むしろ邪魔になります。また、歌詞がある曲も同様で、意識が歌詞に向いてしまうリスクが高くなります。

　著作権など、使用について手続きが必要があることも考慮すると、妨げにならないクラシックなどを選曲すると良いでしょう。

POINT!

◎音楽を選ぶ際の注意点

- ●誰もが知っている曲は避ける
- ●歌詞が入っていないものを選ぶ
- ●使用手続きが不要なものを選ぶ

1-4

アクティビティを円滑に進める
インストラクションのポイント

　研修にアクティビティを取り入れる際、講師がやらなければいけないことのひとつが、「アクティビティの内容を参加者にわかりやすく伝えること」です。どういう内容のアクティビティかが正しく伝わらなければ、体験を通じて学習効果を高めるという目的を達成することができなくなってしまうでしょう。

　また、アクティビティを円滑に進めるためのチームの設定、リーダー選び、またアクティビティで得た体験から学びを深めるための「問いかけ」についても、あわせて検討していきます。

**本項の
Key word**

「インストラクション」
「チームの人数」
「リーダー決め」
「問いかけ」

アクティビティの運営を妨げるもの

わかりにくい説明がアクティビティの運営を妨げる

　参加者の参画が多い研修を設計すると、必然的に多くのアクティビティに取り組んでもらうことになります。アクティビティ自体は学習効果を高めるものですが、その効果を最大限に発揮させるうえで注意が必要なことがあります。それは、**アクティビティの内容や進め方をわかりやすく説明する**ことです。

　説明がわかりづらいと、アクティビティからのアウトプットが浅いものになってしまったり、ポイントがずれてしまったりする可能性があります。かけた時間に対して学習効果が小さくなってしまっては、アクティビティの意義が果たせなくなってしまいます。

　たとえば、参加者から次のような反応が出ているようならば、アクティビティのインストラクションの仕方を見直す必要があるでしょう。

◎**アクティビティの指示がわかりづらい場合の主な反応**

- 「○○についてもう一度説明をお願いします」「これは何でしたっけ?」などと、説明したはずの内容に関する質問があちこちから出て混乱している
- 時間内に3つのことを終えてもらうよう伝えたのに、1つだけのための時間だと勘違いされ、3つを終えられなかったチームが続出している
- 期待していたレベルのアウトプットが出ていない、深堀りが不十分で予想していたよりも回答が浅い
- 求めていた結果と異なる方向に進んでいるチームがあり、途中で軌道修正をする必要がある

アクティビティを円滑に進めるインストラクションのポイント

ポイント① 結論を先に言う

　プレゼンテーションなどでもよく言われることですが、アクティビティでも同様です。例をもとに検討していきましょう。

「今から、ペアをつくって、この用紙に書かれている説明を読んでください。内容について何か質問があればぜひお願いします。質問がないようでしたら、2人で役割を決めて、Aさん役の人は……」

「これからペアで〇〇について練習を行います。進め方については、この用紙に書かれています。ペアで役割を決め、用紙の内容を確認しましょう。」

　このように、アクティビティの指示を行う際は、**「最終的なアウトプットは何か」**を最初に伝え、その後に具体的な内容を説明しましょう。

ポイント② 短い文に区切る

　文は長く続けず、短く区切ります。

「ここまでの内容を実践に移そうとした時に、具体的にどんなアクションになるのかをイメージしていただきたいので、よくあるケースを6つ用意しました。ただし、6つ全部は大変だと思いますので、3チームで2つずつ分担しましょう。今からトランプで分担する番号を決めますので、リーダーの方、前に来ていただけますか？　引いた数字の番号が担当ケースですので、それに対しての対策をチームで検討して、10分後に発表してもらいます。」

「ここから10分間で、よくあるケースとその対策をチームで検討していただきます。ここまでの説明を実践に移すことをイメージしていただくのが目的です。よくあるケースは全部で6つあります。3チームで2つずつ分担していただきます。10分後に対策が発表できるよう、話し合いを進めてください。それでは、リーダーの方、こちらに来てトランプを2枚引いていただけますか？　トランプに書かれた数字が、担当するケースの番号です。」

ポイント③　丁寧な言葉で話す

　アクティビティの説明をする際は、参加者に何かを命令するような口調にならないように注意を払います（アクティビティの説明に限らず、研修全体を通して言えることです）。上から目線で話されることが好きな方はあまりいないはずです。

　そもそも、講師が目上、参加者が目下ということではありません。単に異なる役割を担っているだけなので、上下関係はありません。

　アクティビティなど、参加者に何かを行ってもらう際は、丁寧な言葉で話したほうが受け入れられやすいのではないでしょうか。それが参加者を尊重するということでもあります。

　たとえば、次のフレーズを取り入れると参加者が受け取る印象は大きく変わります。

◎参加者には丁寧な言葉で話す

- 「～していただけますか」
- 「～をお願いします」
- 「～していただいて良いでしょうか」
- 「お・ご～ください」

ポイント④　笑顔で言い切る

　同じ言葉を発せられても、笑顔があるかどうかで大きく印象は異なります。押しつけるような上から目線にならないよう、笑顔で話しましょう。「言葉は丁寧に」が基本とはいえ、曖昧な言い方では混乱が生じますので、言い切ることも大切です。

◎笑顔で言い切る

 「あまり時間がとれないので、もし良かったら、ホワイトボードに書きながら進めると時間短縮になると思いますので、お願いします。」

 「話し合いは、ホワイトボードの周りにチーム全員で集合して、話すと同時に書きながら進めていただけますか？」

NG例の「もし良かったら」という言葉を聞くと、参加者が「書きながら進めるのか、話し合ってから書くのかどちらなのだろう」と混乱する可能性が高くなることは容易に想像がつきます。また、NG例の言い方をすると、代表の1人がホワイトボードに書き、ほかの人は座ったままという状態になりやすいです。そうなると意図している「短時間で話しながら書き留める」という状態にならず、時間がかかってしまいます。そこで、OK例のように、参加者にやってほしいことを明確にしたうえで、笑顔で言い切りましょう。

インストラクションのその他のコツ

アクティビティの時間設定

　本書で紹介するアクティビティは、皆さんが普段、実施（または参加）している研修の進行に比べると、時間設定が短いと感じる方もいらっしゃるかもしれません。意図的に短く設定しているのですが、理由は大きく2つあります。
　さまざまな研修において皆さんがアレンジする際の参考にしてください。

①アクティビティに集中して取り組んでもらうため
　短い時間設定にすると、その心づもりで取り組むため、優先順位の高いところに集中し、効率良く進めることができるようになります。たとえば、「これを10分で進めてください」と言われるのと「制限時間は4分です」と言われるのでは、取り組む姿勢が変わるのではないでしょうか。

②記憶に残りやすくするため
　ロシア人の心理学者ブリューマ・ゼイガルニクによると、完了したアクティビティよりも未完了のもののほうが、記憶に残りやすいといいます。

そのため、「もう少し話したい」くらいの時点で終了するような設定にしています。もちろん消化不良になってはいけないのですが、ディスカッション後の全体への共有やほかの人・チームからの発表を聞いたりすることで、満たされるようにします。全チームがすべて話しつくしたあとの発表には新鮮な情報があまりありませんので、モチベーションの維持にも貢献します。

とはいえ、時には時間をかけて徹底的に深めることが必要なこともありますので、メリハリをつけるようにします。

チームの人数を調整する

アクティビティの中には1人で行うものもありますが、多くがチームで行っていきます。参加者同士のコミュニケーションには、お互いのアイデアや経験を共有できる、対話する中から生まれる気づきや洞察も得られるというメリットがあるためです。講師からの情報提供とは違った視点が共有できる仲間からの意見のほうが、参加者にとって受け止めやすいという効果もあります。

では、チームを形成する人数は何人がいいでしょうか。

ほかの人とコミュニケーションをとるからには1人ではできないため、最少人数は2人。最多人数は、その日の研修に参加している全員となります。

基本的には、5〜6人をひとつのチームとし、それに2人のペアを組み合わせることをお勧めします。ただし、例外的に3〜4人、7人以上、参加者全員でアクティビティを行うことも起こり得るので、基本のケース（5〜6人のチームもしくはペア）と例外的なケース（3〜4人、7人以上、参加者全員）に分けて、それぞれの考え方と留意点をまとめます。

《チームの人数の考え方》

基本	ペア	・安心感のある学習環境であるため、密なコミュニケーションができる ・多人数に比べて短時間でアクティビティを行うことができる ・短時間で行いたい場合、じっくりと本音で話してほしい場合、開始直後など緊張感が高い場合などにお勧め
	5〜6人	・適度にダイバーシティがありながら、関わらずにやり過ごせるほどの大人数ではないため、チームでのアクティビティにもっともお勧め ・リーダーは固定しない、全員が発言できるようにする（発言量の多い人が出てしまうことのないよう1人ひとりが考える時間もとる）などの点を工夫する
例外	3〜4人	・ダイバーシティの観点からは人数が少なめであり、チーム内の特定の人が「仕切る」ことが起こりやすい人数である ・比較的短時間で何かを話してもらうアクティビティや、ペアでは広がりがないかもしれないといった場合に採用する
	7人以上	・議論に時間がかかったり、1人ひとりの発言の機会が少なくなったりするため、アクティビティの人数としては適切ではない ・何らかの意図をもったチーム分けを行う場合など、一時的なチームとして活用するのがお勧め
	参加者全員	・学習上の効果はあるが、もっともプレッシャーがかかる状況のため、話してもらう内容や自己開示の程度、時間配分、発言量などに注意して設定する ・研修終了時に「今後何を実践しようと思っているか」を1人ずつ全員の前で話してもらうのは状況によって適切だが、研修開始時の自己紹介を1人ずつ全員の前で行うような方法は避けたい

リーダー決めのバリエーション

　アクティビティを行う際は、チームのリーダーを決めて運営したほうがスムーズなことが多いものです。とはいえ、リーダーを特定の人に固定するとリーダー以外の参加者の研修への関わり度合いが低くなることが懸念されます。**リーダーは固定せず、その都度変更し、全員が巻き込まれるような運営を行います。**

　では、どのような方法でリーダーを決めるのが適切でしょうか。以下の

4つの方法について検討していきます。

《リーダー決めの４つの方法》

講師による指名 （リーダーを講師が指名する）	・参加者の主体的な関わりとは言いにくい ・なぜその人なのかなど憶測を呼ぶ可能性があるためお勧めできない
順番 （座っている位置などで順番に交代する）	・講師が指名するより公平ではある ・ただし、受け身な感じが拭えないためお勧めできない
参加者に決めてもらう	・一見、主体性を引き出す良い方法に思えるが、参加者間の微妙なパワーバランスが生じるリスクがある ・いつも仕切るタイプや年長者がずっとリーダーを行う、誰もやりたくないから引き受けてくれそうな人に押しつけるなどの懸念があるためお勧めできない
ランダム（無作為）に指名する	・無作為な指名により、上記３つのリスクが軽減できる

もっともお勧めなのは、「今回のリーダーは○○な人」と講師が告げ、それに該当する人がリーダーになる、という無作為な指名方法によって決めることです。たとえば、「下の名前の頭文字が、50音で一番遅い人」「今朝、起きた時間が一番早い人」など、講師の意図・思惑が働かないような内容で、指名するようにします。

POINT!

◎リーダー決めのさまざまな方法
　下記のような方法を使って、アクティビティの都度、ランダムに指名します。
- ●通勤時間がもっとも長い人
- ●通勤の際の乗り換え回数がもっとも多い人
- ●いとこの人数がもっとも多い人
- ●引っ越した回数がもっとも多い人
- ●卒業した小学校が、この研修会場に一番近い人
- ●最近髪を切った人
- ●最近4連休以上の休みをとった人
- ●最近海外に行った人
- ●最近楽器を演奏した人

　このような方法で、その都度リーダーを決めることには、次のようなメリットがあります。

- ●固定されず、誰もがリーダーになる可能性があるため、全員が関わることになる
- ●リーダーを決めるプロセスで対話が生じ、チームビルディングになる
- ●研修内容とは関係のない誰が選ばれても良いような内容でリーダーを決めるため、リーダーのプレッシャーが軽減される（例：「社歴が一番長い人」をリーダーにすると、それなりの発言をしなくてはというプレッシャーが生じる）

気づきを促す良質な「問い」を立てる

学習効果を左右する問いかけの質

1-3でもお伝えしたように、講師から参加者に対して行う「問いかけの質」は、学びの質に大きな影響を与えます。

問いかけは、一般的に「**クローズドクエスチョン**」と「**オープンクエスチョン**」に分けられます。以下にそれぞれの概要、メリット、デメリット・注意点をまとめます。

	メリット	デメリット・注意点
クローズドクエスチョン：YES・NO や、数字など、ひと言で答えられる質問	事実確認、内容確認、理解の確認などに向いている	・相手の言葉を引き出すことは難しいので、対話が発展しにくい ・クローズドクエスチョンを続けすぎると尋問のようになる
オープンクエスチョン：相手の答え方や内容が自由（オープン）である質問	相手の考え、意見、気持ちなどを引き出すのに有効	・返ってくる答えが予測しないものであることもあるため、それに対する対応力が必要 ・オープンすぎたり、関係性ができていなかったりすると答えにくい場合がある

対話を発展させるにはできるだけオープンな問いかけをしたほうが良いように思っている方も多いようですが、そうとは限りません。場面や目的に応じて、使い分けることが重要です。

まず、クローズドクエスチョンの注意点と、どう改善するかを検証していきます。

クローズドクエスチョンの注意点

　クローズドクエスチョンの注意点は、「対話が発展しにくい」という点と「尋問のようになる」という点でした。たとえば、講師からこんな質問をされたら、参加者は何と答えるでしょうか。

・「これについては、皆さんAだと思いますよね？」
・「ご納得いただけたでしょうか？」
・「ここまでの内容、いかがでしたか？　役に立つ情報でしたか？」

　これらの問いかけから、「はい」という答え以上のものへと発展させるのは難しいのではないでしょうか。
　これらのクローズドクエスチョンは、文法的には質問文の形式をとっていますが、問いかけている人が求めている答えは、「はい」のみです。つまり、「いいえ、あまり役に立ちませんでした」という回答は想定していないので、実際のところは「問いかけている」とは言いにくいものになってしまっています。
　クローズドクエスチョンによって矢継ぎ早に質問されると、「はい」「はい」「はい」と短く答えることになり、対話というよりも単に問いただされている（尋問）ような印象になりがちです。

　改善案としては、次のような問いかけが考えられます。

> ◎**クローズドクエスチョンの改善例**
> - 「これについて、A、B、Cという選択肢があるとしたら、皆さんはどれを選びますか？」
> - 「ここまでに学んだ内容のうち『納得した！』と思う点を2つ、『もう少し考えたい、説明が聞きたい』と思う点を2つ挙げてください。」
> - 「ここまでに学んだ内容のうち、もっとも役に立つと感じたのはどの点でしたか？　その理由も教えてください。」

オープンクエスチョンの注意点

　オープンクエスチョンの注意点は、「予測していない返事への対応」と「答えにくい」という点でした。３つの例を挙げて考えます。

例1
「ここまでを振り返って、感想や気づきを自由に話し合いましょう。」

　とてもオープンで、対話を促す良質な質問にも思えるかもしれません。たしかに良い対話になることもありますが、そうならない（良い対話にならない）リスクもあります。

　リスクとして考えられるのが、次の３つのケースです。

①表面的な話に終始する

　オープンすぎる問いかけには、次のような答えが出てくるリスクがあります。

・「考えさせられました。」
・「このままではいけないな、と思いました。」
・「いろいろな気づきがありました。」

　このような発言はとても抽象的で、一体何を学んで何を持ち帰り、そして自分の行動の何を変えるのかが具体的になっていません。研修の成果として学びを実践し、行動変容を起こすためには、もっと具体的な落とし込みが必要です。

②話が脱線する

　問いかけがオープンすぎると、誰かがわき道にそれるような発言をし、そこから脱線して話が盛り上がってしまうこともあります。たとえば、次

のような発言が出てくる可能性があります。

・「そう言えば、さっき話を聞いていて思い出したんだけど……」
・「これって、ちなみに……」

「自由に感想を話す」という指示でしたので、「参加者が不真面目だ」など
と非難することはできません。問いかけの質を検討したほうがいいでしょう。

③ネガティブな方向に話が進む

「自由に感想を話す」という問いかけに対して、誰かが次のようなネガティ
ブな発言をすることもあるでしょう。それをきっかけに、対話全体がネ
ガティブな方向へ引きずられるリスクも大いにあります。

・「言っていることはわかるんだけど、現実は……」
・「これってそもそも……」

　こうしたリスクに備え、次のように言い換えることをお勧めします。

◎例1：言い換え例

「ここまでを振り返って、感想や気づきを自由に話し合い
ましょう。」

●「ここまでの内容を振り返り、気づきとして大きいもの
を3つ挙げてください。その3つについて、職場に戻っ
て何をどう実践するか、具体的に書き出しましょう。」
●「もし懸念や心配、不安などがまだ残っている場合は、それ
も書き出しておいてください。後ほど対策を考えましょう。」

> 例2
> 「理想の〇〇とは？」

これも、よくある問いかけのパターンです。

・良い「リーダー」とは？
・良い「販売員」とは？
・良い「接客」とは？
・良い「電話対応」とは？

　研修のテーマによって「〇〇」の部分は異なりますが、理想や良い状態がどういうものかを話し合ってもらうのが問いかけの目的でしょう。

　講師の理論を押しつけるのではなく、参加者の意見を引き出す、一見、双方向な研修にするための良いアイデアに思えます。
　しかし、この問いかけには、さまざまな問題を引き起こす危険があります。この質問はとてもオープンなものなので、参加者は思いのままに答えることになります。その結果、下記のような場面を誘発しやすくなってしまうのです。

・**研修として用意している内容と異なる見解が出てきて、軌道修正が難しくなる**
・**参加者の意見を否定しなければならないような発言が出てくる**
・**参加者の持論が展開され、対応に困る**
・**参加者同士の考えが合わず、議論が白熱し雰囲気が悪くなる**
・**質問がオープンすぎるため、何を答えて良いかピンとこない**
・**教科書的な、表面的な答えしか得られない**
・**「現実にはそんな理想のリーダーはいない」などというあきらめの空気が漂う**

このような場面に遭遇したことがある、あるいは経験したことがあるという方も多いのではないかと思います。さらに厄介なのは、こうした場面に**講師がうまく対応できないと、参加者との信頼関係を構築するのが難しくなってしまう**ことです。それが後々に「否定的な発言をする」「斜に構えている」「挑戦的な発言をする」という、いわゆる「対応が難しい参加者」を生む火種になることも少なくありません。それでは、せっかく参加者の意見を引き出し、双方向な研修にしようと思って問いかけをしたことが、かえってマイナスになってしまいます。

　とはいえ、一方的に、「リーダーとはこうあるべき」と講師から押しつけても、参加者の共感を得ることは難しいでしょう。

　次のように言い換えた場合、いかがでしょうか。

◎例2：言い換え例

 「理想のリーダーとは？」

 「今までに出会ったリーダーで、良いリーダーだったと思う人を思い浮かべ、その方のどういう言動が良かったのかを挙げてください。
　逆に、今までに出会ったリーダーで、良くないリーダーだったと思う人を思い浮かべ、その方のどういう言動が良くなかったのかを挙げてください。」

　自分自身の成功事例や失敗談ではなく、第三者の話なので客観的に話すことができます。また、実在する人の話なので、具体的かつ現実的な内容で話ができるでしょう。

　経験上、このような問いかけをした場合、研修内容として用意している

ことと大きくずれたり、対立したりするような回答が出てくることはほぼありません。参加者の発言を肯定して受け止めたあと、講師が用意している研修内容から補足するという流れになります。そのため、参加者も講師の話を受け入れやすくなります。

　参加者から意外な内容の発言が多少出てきたとしても、実在する人についての事実なので、それを否定する必要はなく、「そう感じる人がいる」という事実として受け止めれば良いでしょう。

> 例3
> 「この状況では何をすべきでしょうか？」

　よくあるケースとその対策を考えてもらうような場面での問いかけです。
　自由な発想を促す良い質問にも思えますが、この問いかけもオープンすぎるものです。そのため、参加者の知識や経験レベルによっては、的の外れた回答になったり、脱線したりするリスクが高いでしょう。
　そこで、次のように言い換えます。

◎例3：言い換え例

**NG例**　「この状況では何をすべきでしょうか？」

**OK例**　「この状況でどんなアクションをとるのがいいでしょうか？
次の3つの選択肢のうちひとつ選んでください。またその理由も考えてください。」
A　○○○
B　XXXX
C　△△△

「３つのうちどれがベストか」という点については、全員の意見がほぼ一致するような難易度に設定しておきます。また、選んだ理由を挙げてもらうことで、話の焦点が定まるという効果が期待できます。

　このような問いかけを行うと、講師が用意している「こう対応しましょう」という研修コンテンツの一部〜大半が、参加者の発言となって出てくるでしょう。講師からの一方的な押しつけに比べて受け入れやすくなり、納得度が高まることも期待できます。

その他の問いかけ

　一般的な「質問」のパターンとして、５Ｗ１Ｈがあります。研修で講師が参加者に問いかける際にも５Ｗ１Ｈは当てはまりますが、ここではそれぞれについて、具体的な質問例を紹介します（なお、５Ｗ１Ｈというと、一般的には「Where」「What」「When」「Who」「Why」「How」のことを指しますが、ここでは「Where」の代わりに「Which」を用います）。

◎どちら・どれ（Which）
- ●「どちらの選択肢（どの選択肢）が良いと思いますか？　それはなぜ（Why）ですか？」
- ●「どちらがどういう点で（How）優れていますか？」
- ●「重要度がもっとも高いのはどれですか？」

◎何（What）
- ●「何を最初に行いますか？」
- ●「何があればできますか？」
- ●「懸念になっているのは何ですか？」
- ●「何が解決したら前進できますか？」
- ●「ひとつ付け加えるとしたら、何を加えますか？」
- ●「ＡとＢを比較した時、異なる点は何ですか？」
- ●「何が原因だと考えられますか？」
- ●「１点から10点をつけるとしたら何点ですか？　その理由（Why）は？」
- ●「共通する点があるとすれば、それは何ですか？」
- ●「ひと言で表現すると、何ですか？」

◎いつ（When）

- 「どのような状況でこれが使えそうですか？」
- 「これを活用すると良い結果が得られそうなのはどんな状況ですか？」

◎誰（Who）

- 「誰と接する時に実践してみますか？」
- 「どのようなお客さまに活用しますか？」

◎なぜ（Why）

- 「これはなぜ重要なのでしょうか？」
- 「なぜこのプロセスを使うとうまくいくのでしょうか？」
- 「実践しようと思うこと３つ（What）とその理由を挙げてください。」

◎どのような・どのように（How）

- 「これはどのように応用できますか？」
- 「どのような基準で判断しますか？」
- 「これを分類するとしたら、どのように分類しますか？」
- 「AとBとにはどのような関連性・共通点がありますか？」
- 「どのようなプロセスで行いますか？」
- 「ひとつだけ変えるとすると、何（What）をどのように変えますか？　それはなぜ（Why）ですか？」
- 「次に同じことを行うとしたら、どのような準備をしますか？」
- 「次に同じような課題に取り組むとしたら、どのように進めますか？」
- 「もしあなたが○○さんだったら、どのように感じますか？」

参加者が質問をしやすい問いかけをする

　アクティビティの説明をしたあと、理解したかを確認してからアクティビティをスタートさせたいものです。その際、講師の問いかけ次第で、参加者が質問しやすくなることも、質問しづらくなることもあります。

　たとえば、次のような問いかけは、質問しづらい問いかけの典型例です。

① 「ここまで、よろしいですか?」
② 「何か質問ありますか?」

　これらはよく使われている問いかけです。しかし、①は、講師側は、「はい」という答えしか想定していない問いかけであり、このように言われた参加者は質問しづらいでしょう。参加者のためというよりも、講師が自分の安心のために発している問いかけのようにも感じられます。

　また、②の問いかけは、オープンすぎて答えにくい問いかけです。全員の前で挙手して質問するハードルが高いため、何もリアクションが得られないことが多くなります。

　参加者の理解を確認したいのであれば、次のように表現を工夫しましょう。

● 「アクティビティを始める前に確認しておきたいことがある人はいませんか?」
● 「聞き逃したからもう一度確認したい点や、もう少し説明してほしい点がある人はいませんか?」

1-5

アクティビティの効果を高める
ファシリテーション

　アクティビティの最中、講師はアクティビティのファシリテーションを行う役割を担います。ファシリテーションの質を高めることで、アクティビティの効果を最大限に発揮させることもできます。

　ここでは、数あるファシリテーションの注意点、テクニックの中でも、アクティビティを行う際にとくに重要となるポイントについて確認していきます。

本項の
Key word

「ファシリテーターの役割」
「アクティビティの目的」
「ゴールに導く」
「EAT」

研修アクティビティとファシリテーション

ファシリテーターの役割

アクティビティを行う際、講師はファシリテーターの役割を担います。

一般的に言うと、**ファシリテーターとは、中立的な立場を保ちつつゴールに向かって導く役割**のことを指しますが、これは、研修アクティビティの場でも同様です。

では、研修アクティビティのファシリテーターとして、講師はどのような点に注意する必要があるでしょうか。以下では2つの視点から検討していきます。

注意点① アクティビティの目的を明確にする

もっとも大切なことは、「**すべてのアクティビティの目的を明確にする**」ということです。

「目的」というのは、研修によって最終的に目指すゴールにたどりつくために必要な「目的」のことです。「場を盛り上げたい」「一方的な講義にならないように参加者に何か話してもらう」といったことを意図してアクティビティを取り入れたいと考えることもあるかもしれませんが、これらはここで言う「目的」には含まれません。

アクティビティを研修に組み込む際も、研修の現場で実際に行う際も、**研修の「目的」に基づいて取り組んでいく**ことがファシリテーターに求められます。

たとえば、オープニングでは自己紹介のアクティビティを行うことになりますが、ただ単に楽しく盛り上がるような自己紹介にするのではなく、その日の研修トピックに関連性をもたせて行うようにします（詳しい進め方

は第2章で紹介します)。

　また、たとえば何かの説明を行ったあと、「説明が長くなったから少し話してもらおう」という理由から、「今の説明を聞いて感じたことを自由に隣の人と話しましょう」と投げかけるのも、安易な方法と言わざるを得ません。それでは、「一方的な講義にならないように参加者に何かを話してもらう」ことに過ぎないからです。

　もし、説明を聞いて、「自分の業務に何をどう活用するかを考える」ことが目的であれば、

「今の説明の中から、早速実践してみようと思うことをひとつ考え、それを隣の人と共有してください」

などのように、焦点を絞った問いかけをしたほうがいいでしょう。
　このように、研修の目的から考えてアクティビティの効果を最大限に高めることは、ファシリテーターにとって重要な役割です。

注意点②　「伝える」のではなく、「ゴールに向かって導く」

　もうひとつの注意点は、**「伝えるのではなく、ゴールに向かって導く」**ことです。これは一般的なファシリテーションにおける注意点とも共通することです。
　アクティビティのファシリテーションを行う講師は、**自分の考えや意見を述べるのではなく、中立の立場で、参加者をうまく導く**のが役割です。参加者の発言を受け止め、認めたり、励ましたりします。
　時には軌道修正が必要な場合もあるかもしれません。その際は、講師の意見を押しつけたり説得したりしようとせず、問いかけて考えてもらい、**参加者自身に答えを見つけてもらうように導く**のです。

　研修の場面では、講師には「教える人」──知識やスキルを提供した

り、アドバイスを行ったりするという役割もあります。しかし、その意識が強すぎると、アクティビティのファシリテーションの場面でも、つい自分の考えや伝えたいことを参加者に押しつけてしまうことがあるかもしれません。

　もちろん、講師が研修中100%ファシリテーターに徹するということは稀なので、アドバイスが必要な場面もあるでしょう。ですが、アクティビティを通して何かに気づき、ゴールに向かって進むことをファシリテーションする場面では、ファシリテーターの役割に徹することも重要なのです。

　こうした注意点を踏まえたうえで、以下ではアクティビティを効果的に進めるうえでのファシリテーションのコツを紹介していきます。

アクティビティの効果を高めるファシリテーション

アクティビティの振り返り、気づきを促すコツ

　本書は、「参加者主体の研修手法」をベースにしたものです。

　参加者主体の研修では、参加者自身の体験を重視します。体験を重視した研修コンテンツの組み立て法（EAT：「Experience（経験）」「Awareness（気づき）」「Theory（理論）」）については、235ページで詳しく述べていますが、**参加者の体験から学びを引き出し、深めることは講師の大切な役割のひとつです。**

　一般的な研修においても、参加者に体験してもらうことは珍しくはありません。その際によく見られるのが、次のような問いかけです。

　これらは、学びを引き出し、深めるものと言えるでしょうか。

・「何がうまくいきましたか？」
・「うまくいかなかった点は何ですか？」
・「今後に活かすことは何ですか？」

　これらは、何を隠そう私自身も以前行っていた問いかけです。

　ですが、戻ってくる答えが表面的だったり、浅かったり、教科書的な答えであることも少なくありませんでした。たとえば、次のようなものです。

・「チーム内のコミュニケーションはよくとれていました。」
・「時間配分はうまくできました。」
・「目標設定が甘かったです。」
・「今後はもっと目標についてメンバーで検討してから進めたいと思います。」

　こうしたリアクションは、決して間違ったものではありません。しか

し、学びや気づきが浅く、表面的だと言わざるを得ません。

「何がうまくいきましたか？」「うまくいかなかった点は何ですか？」「今後に活かすことは何ですか？」といったオープンクエスチョンには、こうした浅い回答や「講師が求めているであろう」と参加者が予測した教科書的な回答が返ってきやすいデメリットがあります。

　では体験からの学びを深めるために、どのような問いかけをすれば良いでしょうか。**体験から学ぶ際のメリットのひとつは、「感情を伴う」という点です。** それを活かすことで、学びや気づきを深めることができます。

POINT!

◎体験からの学びを深める

事実：何が起きたかの事実確認をする
「誰が何を言った・言わなかった、した・しなかった」など事実を思い出して確認する。アクティビティに集中していて気づかなかった事実や、無意識のうちに行った行動を確認することで、客観的に振り返る準備になる

感情：感情がどう変化したかを共有する
自分の言動がほかの人にどう影響を与えたかを知ったり、自分の感情の動きを共有したりすることで、気づきが生まれることもある。人は論理だけで動くものではないため、感情の変化の共有はほかの参加者にとっても意義がある

評価、意義、示唆：この体験の意義や示唆することを確認する
上記2点を踏まえ、自分やほかの参加者の言動の良かった点や良くなかった点を振り返る。また、そうした言動から得られた結果を検証し、学びや気づき、次のアクションの検討へ活かす

アクション：次のアクションを検討する
この体験からの学びを踏まえ、今後にどう活かすかを検討する

具体的な問いかけの例を考えます。

問いかけの例：ロールプレイで上司と部下の対話を行った後

事実
「上司、部下それぞれの発言やふるまいを思い出しましょう。具体的な発言内容や、その時のふるまいを思い出して確認してください。」

感情
- 「上司は、部下との対話の中のどの場面でどんな気持ちでしたか？」
- 「部下も同様に、上司との対話の中で、どの場面でどんな気持ちでしたか？」

評価、意義、示唆
- 「部下が問題解決をするにあたり、効果があった上司の言動はどのようなものでしたか？」
- 「部下の感情の変化に大きな影響を与えたのは、上司のどのような言動でしたか？」
- 「部下の成長を支援するために、上司ができた（実際は行わなかった）ことは何でしょうか？」

アクション
- 「今後の部下との対話に活かそうと思うことは何ですか？」
- 「今後の部下との対話で、変えようと思うことは何ですか？」

発表や発言を引き出す際のコツ

　本章の最後に、アクティビティを進めるうえで、発表・発言を引き出すファシリテーション上のコツを3点まとめます。

①答えやすい質問から投げかける
「クローズドクエスチョン」→「選択肢を提示する」→「オープンクエスチョン」の順で、発表・発言のハードルが高くなります。
　オープンすぎる質問は答えにくいので、クローズドクエスチョン、選択肢の提示などを組み合わせるようにしましょう。

◎**実践例：答えやすい質問から投げかける**

「この点については、納得できていますか？」
　　↓
（うなずくなどの反応を確認する）
　　↓
「では、次のアクションとして、A、B、Cという選択肢がある場合、皆さんはどれを選びますか？」
　　↓
（どれかひとつを選んでもらう）
　　↓
「それでは、選んだ選択肢について、なぜそれが良いと思うかを、同じ選択肢を選んだ人でチームになって共有しましょう。」

---

②発言の量や時間を制限して、発言する人が偏らないようにする
　チーム内での発言や各チームのリーダーが全体に発表する場合、**1人ひとつずつ、あるいは1人1分ずつなど発言量を制限します。**これにより、後半の発表者が時間切れになってしまったり、前半にすべて発表しつくされて付け加えることがなくなったりするといった事態を防ぎます。

③リーダーを決め、チーム内で話したあとにリーダーが発言する

　前述のランダム（無作為）な方法（71ページ参照）でリーダーを決め、チーム内での話し合いの結果をリーダーが全体に共有するという方法で運営を続けます。すると、参加者もルールに慣れ、リーダーは発表する役だと受け入れてくれるようになります。

　また、リーダー個人の意見を発表するわけではないので、万が一間違えたりしても個人的に恥をかくことはなく、リーダーにとっても発表のハードルが下がります。

　どのチームから発表するかも講師が指名せず、「最初に発表してくださるのはどのチームですか？」と数秒待つようにすることをお勧めします。最初のうちは手が挙がりづらいかもしれませんが、くり返し行っていくと参加者がルールに慣れ、講師が指名しなくても手が挙がるようになるでしょう。

第 **2** 章

シーン別　研修アクティビティ50

2-1

オープニング

効果的なオープニングの進め方

「人は最初と最後は記憶しやすい」ので、オープニングとクロージングは研修を行う際、とくに工夫したいポイントです。事務連絡ではなく、**研修でもっとも大切なメッセージ**で構成します。

　オープニングが必要になるのは、研修スタート時やトピックが変わるタイミングです。これから始まる**研修、新しいトピックに対する興味を高め、集中してもらう**ことがオープニングのアクティビティに求められることです。

　また、研修スタート時には、**安心して学べる場づくり**も必要です。

　具体的には、次のページのような流れでデザインするといいでしょう。

　本書では、「効果的なオープニングのデザイン」のうち、「1．研修内容と関連性があり、インパクトのあるアクティビティ」と、「3．グラウンドルールの確認」などのオリエンテーション的なアクティビティ、そして「4．参加者同士の自己紹介」の方法を紹介していきます。

　いずれもオープニングは、**「研修内容と関連性がある」**ことが大切なポイントです。研修テーマ、内容、トピックに合わせてアレンジして、使用してください。

 **POINT!**

◎効果的なオープニングのデザイン

1. 研修内容と関連性があり、インパクトのあるアクティビティ

参加者の最大の関心事を打ち破り、研修内容に意識を集中させ、インパクトのある内容にする。人は最初と最後をよく記憶するので、研修の内容の大切なメッセージをここに入れる。問いかけやクイズなどで考えてもらったり、参加者が手を動かすアクティビティを入れたりするなどして巻き込む

2. 研修目的やアジェンダの説明

得たい成果、目的と内容がどうリンクしているかを明確にする
開始、終了時刻を確認するほか、休憩時間を伝えておくことで参加者の途中の離席を防ぐ効果もある

3. グラウンドルールの確認

「建設的な発言をする」など研修を充実させるための依頼を伝え、参加者の了解を得る。3つは講師が提示し、4つめは各チームで設定してもらうなど自主性を促す方法も有効

4. 参加者同士の自己紹介

ペアや数人のチーム内での自己紹介とする。この際、研修の内容に関連する情報も盛り込んだ自己紹介になるよう導く。また1人あたりの時間の目安を伝えるなどし、参加者間でのばらつきが大きくならないように配慮する

5. 講師の自己紹介

このテーマ・内容で講師を務めるにふさわしい人物であることがわかるような自己紹介の内容にする。配布する資料やワークブック、壁の掲示物にプロフィールを掲載しておくことも有効

視点を変える

　研修で新しいことを学ぶ際、これまでの常識・考え方を手放してもらう必要もあるでしょう。「視点を変えましょう」「新しい視点をもちましょう」というメッセージを伝えたいとき、ただ「視点を変えましょう」と講師が言葉で発するだけでは、インパクトに欠けてしまいます。

　ここで紹介したいのは、参加者自身に「視点を変えること」を実感してもらうアクティビティです。

目的

オープニングメッセージとして「ものの見方、視点を変えましょう」「柔軟性をもちましょう」ということを伝える

対象テーマ

どのようなテーマでも可能

*何かものの見方を変えてほしいことがあるような研修に適している（例：プレゼンテーション研修であれば、「人前で話すというと結構苦手意識をもっているかもしれないけど、見方を変えると自分が出した提案でお客さまのビジネスが伸びるかもしれないと思うと、貢献できて嬉しいと思えるかもしれない。そのように見方を変えてみよう」などのメッセージを伝える）

対象人数

何人でも可能

時間

3分

準備するもの

図（フリップチャートに書いて貼り出す）

《フリップチャート例》

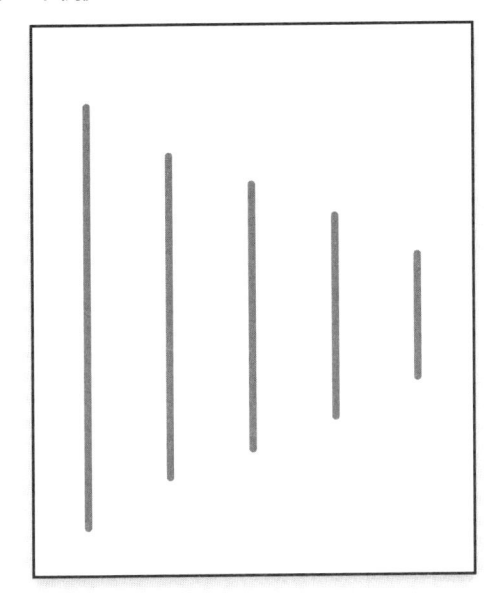

プロセス

1. 参加者に「この線の長さは同じですか？　違いますか？」と問いかける
2. 「違う」という答えが返ってくることが予想される
3. さらに問いかける

   「この線の長さが同じに見えるような見方はできませんか？」
4. 解説に移る

インストラクション例

質問です。この線の長さは同じですか？　違いますか？

（「違います」と返答がある）

　違いますよね。見方を変えて、これが同じ長さだと言うことはできますか？　どんな見方をしたらこれが同じ長さだと言えますか？

（考えて答えてもらう）

　たとえば、高速道路を走っているとしましょう。道路の横に何か柱が立っていますよね。自分が走っていると、近くにある柱は大きく見えますが、遠くの柱は小さく見えます。そうすると、高さは同じだけど見え方が違うだけ、というように言えますね。
　これを応用すれば、今回の線の長さも同じ長さだと言えるようにならないでしょうか？

　このように、視点を変えたら違って見えることは、意外とあるものです。視点を変えてみることは大事です。
　今日の研修でも、新しいことを学ぶとき、このように今までのやり方や今まで自分が信じていたことを、ちょっと違った視点で見てみませんか？　そうすると、新しい気づきや新しい発見がたくさんあると思います。
　今日は、ぜひそういう新しい視点をもっていただければと思っています。

メリット

言葉で伝えるだけではなくて、実際に体験することでポイントが伝わりやすく
なる

バリエーション

● だまし絵などを使うこともできる

● 図や絵を変えれば何度も使える

　＊ただし、1回使った図は1回限り

できるだけ高くへ

　　オープニングでは、研修の目標設定をしてもらうことになります。「今十分にできていること」を目標にするよりも、ストレッチした目標（少し高い目標）を掲げることで、学習の効果が高まるでしょう。このように、「今日の研修ではストレッチした目標を目指してほしい」というメッセージを伝えたいときに、ただ言葉で伝えるのではなく、参加者に実感してもらうアクティビティを紹介します。

　　体を動かすのでアイスブレイクや場づくりにも有効です。

目的

自分の中に、「限界」や「固定観念」があることに気がついてもらい、研修に対して柔軟に取り組む姿勢をつくる

対象テーマ

どのようなテーマでも可能

対象人数

何人でも可能

＊5～6人のチームに分かれて行う

＊10人くらいまでであれば、全員で行うことも可能

時間

5分

準備するもの

●フリップチャートや模造紙など大きな紙：各チーム1枚

　＊模造紙を壁に貼る（肩の高さ位に下の線がくるような位置に貼る）

●太いペン：1人1本以上

プロセス

1. チームから代表者に1人ずつ出てきてもらう（全体の人数が10人くらいであれば、全員で行うことも可能）
2. ペンを持って紙のところに行き、できるだけ高い位置に横に1本の水平な線を描いてもらう（ジャンプは禁止）
3. 全員が線を描いたら、次のように伝える
   「人は、自分では1番これが高いところだと思っているところから、さらに上に線を描くことができるものです。第2ラウンドでは先ほど自分が描いた線よりも、1センチでも高いところに線が描けるようがんばってみましょう」
4. 全員が2回目の線を描き終えたら、どれくらい1回目より高く描けているかを確認し、どんな工夫をしたかを問いかける

インストラクション例

（あらかじめ模造紙を壁の上部に貼っておいた状態で）

このペンを使って、この紙のできるだけ高い位置に、横線を1本描いてください。お1人ずつ行いましょう。

（線を描いてもらう）

ありがとうございます。

では第2ラウンドです。今度は、先ほどよりも高い場所に線を描いてください。1センチでも高ければOKです。ジャンプはナシです。

（線を描いてもらう）

はい、ありがとうございます。

1回目もできるだけ高い位置ということでがんばってくださったと思うのですが、さらに「ちょっとでもさっきより高く」と言われたら、意外とできるものですよね。

2回目は何か工夫されましたか？

皆さんも仕事の中で自分の目標を決めて日々いろいろな活動をしていると思います。でも、自分の中で何となく「これくらいでいいだろう」と無意識のうちに思っていることが実はいろいろあるものです。でももっと高い目標を目指すとなったらアイデアが出てきたり、戦略を変えたりできるものです。今日は、「そんな自分の限界を少しでも超えるために何ができるか」というのを見つけていただく研修にしたいと思っています。

メリット

● 動きがあるため、言葉で言うだけよりも納得感が高まる

● 全員に成功体験を積んでもらうことができるので、盛り上がる、場が和む

● 工夫の余地があるので、クリエイティビティが刺激されて楽しい

バリエーション

● チームで代表者1人が行ってもいいし、全員一斉にやってもいい
　＊代表者がやる場合は、ほかの人が部外者にならないよう「応援団」という
　　言い方をして、「自分のチームの代表がやっている時は励ましてください」
　　などというインストラクションをする
● 線が描けない場合は、付箋を高い位置に貼る方法に変えることもできる
● オープニングだけではなく、エナジャイザーとして用いることもできる

注意

● 身体的な制限があってできない人がいる場合は配慮が必要
● ポイントは、人と比べないこと。自分が描いたものよりも上に線を描くとい
　うことに意識を向けてもらう

「最高の経験」「最悪の経験」

　　参加者が過去の経験から感じていることや見解が、これから研修で学ぶ点と一致していることが確認できると、参加者自身の自己肯定感が高まり、講師の話を受け入れやすくなるでしょう。その結果、講師の紹介するコンテンツに対する反感や反論が出にくくなったり、前向きに受け入れよう、学ぼうとする姿勢の醸成に役立ったりするといったメリットも得られます。

　　ここで紹介するのは、参加者自身の「経験」を引き出し、研修で学ぶ内容との関連性についての「気づき」を促すアクティビティです。

目的

- 過去の経験を思い出してもらい、今日の研修で学ぶ内容への導入とする
- これから話すトピックについての過去の経験を参加者から引き出す

対象テーマ

どのようなテーマでも可能

対象人数

何人でも可能

＊5〜6人のチームに分かれて行う

時間

8〜12分

準備するもの

フリップチャート（BとWと書いておく）

《フリップチャート例》

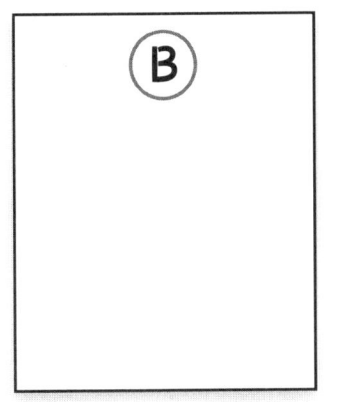
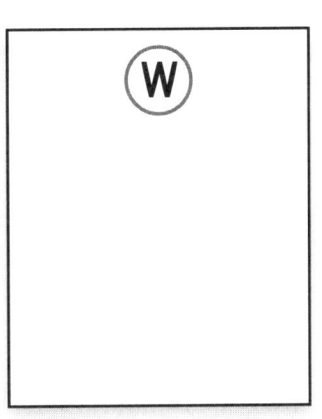

プロセス

1. チームのリーダーを決める
2. リーダーに、「B」か「W」、どちらについて話したいかを選んでもらう
   ＊「B」を選ぶチームと「W」を選ぶチームがおよそ半数ずつになるようにする（例：「B」「W」それぞれ３チームずつなど）
3. 「B」を選んだチームは「ベスト」、「W」は「ワースト」な経験を思い出して共有してもらう

補足

◇ 全チームが「B」「W」両方について話すより、このように分担したほうが効率も良く、またお互いの発表が新鮮に聞けます。

◇ 研修テーマに沿って以下のような経験を思い出してもらいます。

接客・販売	自分が受けた接客で、良かった接客（ベスト）と、良くなかった接客（ワースト）
マネジメント・リーダーシップ	これまでに出会った上司で、良かった上司（ベスト）と、良くなかった上司（ワースト）

4. 各チームで経験を共有した中から、キーワードとなる言葉を全体で共有してもらい、フリップチャートに書き留める（こういう接客は良い・良くない、こういう上司は良い・良くない、ということをキーワードにまとめる）

5. 発表を受けて、講師が今日の研修の内容に関連づけてコメントする

インストラクション例

《リーダーシップ研修の場合》

今から「B」と「W」に分かれていただきます。

まず、リーダーを決めます。リーダーは今日起きたのが一番早い人お願いします。

リーダーの人、早い者勝ちで「B」か「W」を選んでください。「B」は2チーム、「W」は2チームです、どちらがいいですか？

「B」はベスト、「W」はワーストです。

「B」のチームは今まで出会ったリーダーでベスト、「あの人は良かったな」と思う人について共有してください。「W」のチームは今まで出会ったリーダーでワースト、「ああ、あの人はちょっと良くなかったな」という人を、名前を伏せてどんな人だったかというのをお話しになってください。

できる限り具体的にその人の言動を思い出して「こういうところが良かった」とか「こういう言動があって良くなかった」というのを出してください。

時間は5分です。どうぞ始めてください。

（ディスカッション後）

どんなお話が出ましたか？　エピソードの中からキーワードを教えてください。

（本文）

*キーワードを書き留めていき、そこで出てきたキーワードを紐づけ
ながら解説し、研修コンテンツに入っていく

メリット

- 過去の自分の経験を思い出して話して、それを肯定してもらえる場になる
- 自分が口にしたことなので、受け入れやすくなる
  * 「リーダーシップとはこうあるべき」などと理論の解説から始めると、参加者が受け入れづらくなる可能性がある

バリエーション

テーマを変えることで、1日のオープニングだけではなく、ひとつのトピックのオープニングにも使える

（例）「過去に受けた接客・販売で、どんな販売員が良かったか」「過去に所属したチームで、チームワークが良かったチームはどんなチームか」など、自分が経験した接客、チームワークなどを共有し、それを肯定的に受け止めたうえで、研修トピックへとつなげていく

注意

- 「B」と「W」を話してもらうときは、自分自身の成功談・失敗談ではなく、第三者の話にすること。自分自身の成功談は自慢話になり、失敗談は自己開示したくないなど抵抗感が生まれる可能性があり、オープンな共有が難しくなるリスクがある。一方、第三者（受けた接客、過去の上司など）であれば、客観的かつ本音を引き出しやすく、良いポイントが上がってくる可能性が高まる
- 最初は過去の経験をできるだけ具体的にシェアしてもらい、その後キーワードを引き出すようにファシリテーションを工夫する（最初からキーワードを考えてもらうと、教科書的な答えしか出てこず、感情の共有もできないため、表面的なディスカッションになりがち）

1 オープニング
2 クロージング
3 リビジット
4 エナジャイザー
5 その他

意外性のある発言

「人は最初と最後は記憶しやすい」というのは、本項の冒頭でもお伝えしたことです。脳のしくみ上、記憶しやすい部分であるからこそ、オープニングには記憶に残りやすい、インパクトのある発言を組み込むことも有効です。

　ここでは、そのような意外性のある発言によって、参加者の興味・関心を引きつけ、学習の意義・ポイントが記憶に残りやすくなるアクティビティを紹介します。

目的
● 意外性のあることは記憶に残りやすいため、重要なメッセージとして印象づける
● 意外性のある発言で、興味を引きつける

対象テーマ
どのようなテーマでも可能

対象人数
何人でも可能

時間
2分程度

準備するもの
意外性のある統計データなど

プロセス
1. 知られていない事実や統計など、その日の研修のテーマに深く関わることで、

意外性のあることを準備しておく

2. 研修のオープニングでそれを紹介し、興味を引きつけ、解説し、その流れで研修のテーマ、目的、アジェンダなどを紹介する

3. クイズ形式で参加者を巻き込みながら紹介したり、問いかけて答えを引き出したりしながら行う

インストラクション例

《例①：リーダーシップ・部下育成研修》

　褒めて育てる自動車教習所の話を聞いたことはありますか？

　ある自動車教習所では、若者の車離れや、厳しい指導によって中途退学者が増えたりして、教習生の減少が大きな課題になっていました。そこで、褒めて伸ばすことを徹底した結果、業績がV字回復したそうです。たとえば、S字カーブの練習をしていて、後輪が脱輪したとしましょう。そんなときでも、褒めるのです。

　皆さんなら何と言って褒めますか？

　たとえば、「脱輪した瞬間にブレーキを踏んだね。そうやって瞬時にブレーキを踏むことができるのは素晴らしい！」などと褒めることができそうですね。

　このように、育成方法は時代によって変化します。皆さんが新入社員だった頃に受けた指導が、今も有効だとは限らないわけです。今日の研修では……（今日の研修テーマへとつなげる）

《例②：OJTトレーナー研修》

　「一度しか言わないから、よく聞いてね」と前置きして、大切なことを教えるのは、効果的でしょうか？　それともあまり効果的ではないでしょうか？

　「このセリフ、昔先輩や上司からよく言われたなぁ」という方も少な

くないかと思います。でも、実際のところ、この教え方はあまり効果的とは言えません。今日の研修で皆さんもその理由がはっきりとご理解いただけると思います。

《例③：接客・販売・営業研修》
　○○をご購入いただいたお客さまのうち、それを選んだ理由としてXXXを挙げている方は何パーセントくらいだと思いますか？
　なんと、85％ものお客さまがXXXを理由として挙げているのです。ということは、私たちがお客さまと接するときに、XXXをもっとうまくアピールできる余地がある、と考えることもできますね。
　今日はこのように、お客さまの声をもっと理解して、自分自身の接客・販売に活かせるように……（今日の研修テーマへとつなげる）

メリット

- 興味を引くことができる
- 意外性がある内容であれば、印象に残る
- 動きを伴わないため、大人数でもできる

バリエーション

クロージングや、研修の途中でも興味を引きたいときにも活用可能

注意

数字を紹介する場合、根拠や出典を知りたがる参加者がいることもあるので、質問されたら答えられるように準備しておく

「学びたいこと」投票

　オープニングでは、参加者に研修に対して興味をもってもらい、モチベーションを高めてもらうことが大切です。ただし、講師に「これを学びましょう」と言われたら興味・関心やモチベーションが高まるわけではありません。参加者自身が「何を学びたいか」を自ら明確にすることで、目的意識を高めることは、興味・関心、モチベーションを高めてもらううえで、とても有効です。

　ここで紹介するのは、用意したトピックのうち、「どれに興味があるか」を参加者に意思表示してもらうアクティビティです。

目的

- 研修の内容と関連づけながら緊張をほぐす
- お互いをよく知り合うことでチームビルディングにつなげる
- 研修参加者がどこに興味をもっているのかを講師が把握する

対象テーマ

どのようなテーマでも可能

対象人数

何人でも可能

＊20人程度までならばシールを直接貼る（それ以上の人数になったら、デジタルツールを使うことをお勧めする）

時間

8〜10分

準備するもの

- いろいろな色のシール：1人3〜4枚

＊各チームのテーブルに置いておく
●「今日の研修で学ぶトピック」がリストアップされているフリップチャートも
　しくは模造紙

《フリップチャート例》

```
┌─────────────────────────────┐
│                             │
│  • オープニング               │
│  • クロージング               │
│  • 参加者主体の研修           │
│    とは                      │
│  • 記憶に残すには             │
│  • 大人の学習の法則           │
│  • インストラクショナル・       │
│    デザイン                   │
│  • ファシリテーションの         │
│    テクニック                 │
│  • 対応が難しい参加者の        │
│    対応方法                   │
│  • 評価・効果測定             │
│  • 大人のモチベーション        │
│                             │
└─────────────────────────────┘
```

プロセス

1. 研修が始まる前に、今日学ぶトピックが書かれたフリップチャートを貼って
　　おく

2. 講師は参加者に書かれているトピックの中から興味があるものを3つ（トピ
　　ックの数が多いときは4つ）選んでシールを貼ってもらうように依頼する

補足

　◇　数のイメージは、トピック10個のうち4つ選ぶ、7つのうち2～3つを
　　　選ぶといった程度をイメージします。

3. 全員がシールを貼り終えたら、講師はそれぞれのトピックに何票集まったか（シールが何枚貼られているか）を数え、参加者の興味の度合いを確認する

4. その日のアジェンダと関連づけて、「どこにどれくらい時間を使うか」「どこを重点的に行うか」などの説明に活用する

インストラクション例

　ここまでで、研修の目的や内容について確認してきました。ではここで、皆さんは今日の研修のどのトピックに興味があるかというのを教えていただこうと思います。

　こちらに、先ほど説明した今日の研修のトピックが書かれています。

　この中から、「これを学びたい！」「興味がある！」というトピックを3つ選んで、投票をしてください。投票は、テーブルの上にある丸いシールを使っていただきます。1人3票ですので、3枚ずつシールを取っていただけますか？　そして、学びたいトピックの横にシールを貼って投票をお願いします。

メリット

● 参加者のニーズを把握できる

●「これを学びたい」という意思表示をすることで、参加者の主体性が高まる

● 立ってシールを貼りに来るという動きがあるため、脳の活性化につながる

バリエーション

● 事前アンケートで同様のことを聞くこともお勧め

　＊そうすることで、参加者のニーズを研修内容に反映できる

● 予備知識の有無の確認にも活用できる

　＊「基本的なことを理解しているというトピックには青いシールを、はじめて見聞きするからしっかり学びたいというものには赤いシールを、『ここは

自分に話させてくれ！』というくらい理解しているところには緑を貼りましょう」など、色分けをすることで、参加者の知識レベルの確認ができる。自己申告をしてもらうことで、知識が足りない人にとっては「意外とみんな知らないんだ」という安心感につながったり、知識が豊富な人には実際に話してもらうことで、対応が難しい参加者になることを防げたりといったメリットもある

● リビジットやクロージングとしても活用できる

＊たとえば、「今日の学びとして一番大きかったものは何ですか？」「最初に実践しようと思っているのはどの項目ですか？」など問いかけを変える

注意

● 実際の投票結果と想定していた研修コンテンツが異なった場合の対応法は、以下の4つが考えられる

①研修のバッファ（予備の時間）をあらかじめ設定しておき（20分程度）、投票数の多かったトピックの説明にバッファの時間をあてる。あわせて、投票数が少なかったトピックの時間を短縮する

②投票数の多かったトピックを一通り終えた時に、「このトピックは投票が一番多かったところですが、今の内容で皆さん満足ですか？　聞き足りないことがあったらぜひ教えてください」などと配慮することで、ニーズに応える

③アジェンダを大きく変更しないが、投票数が多かったトピックを始める際に「ここは皆さんの投票数が多かったところですね！　丁寧な解説を心がけますので、皆さんも質問があったら遠慮なく言ってくださいね」と前置きする

④投票数が多かったトピックについて、質問（知りたいこと）を付箋に書いて貼るスペースを設けておき、質疑応答の時間で貼られた質問に答える

● このように投票結果と準備したコンテンツのズレを調整できないのだとしたら、このアクティビティは避けたほうがいい（参加者の信頼を失ったり、モチベーションを下げたりすることにもつながりかねない）

「何を」「どうして」「どのように」

　　オープニングのアクティビティで重要なのは、これから始まる研修、新しいトピックに対する興味を高め、集中してもらうことです。オリエンテーションを行う際に、参加者に研修の内容に対して興味をもってもらうことは、オープニングの重要な要素なのです。そんなオリエンテーションにおいて、参加者がどんな期待値をもっているかを引き出すアクティビティを紹介します。

目的
参加者同士が会話する機会をつくりながら、講師が参加者のニーズを把握する

対象テーマ
どのようなテーマでも可能

対象人数
何人でも可能

＊人数が多くなる場合は全員ではなく、チームに分かれて行う

時間
10分

準備するもの
- 付箋：1人3枚以上
- ホワイトボードまたはフリップチャート（What、Why、Howと書いておく）
- 太いペン：1人1本以上

《フリップチャート例》

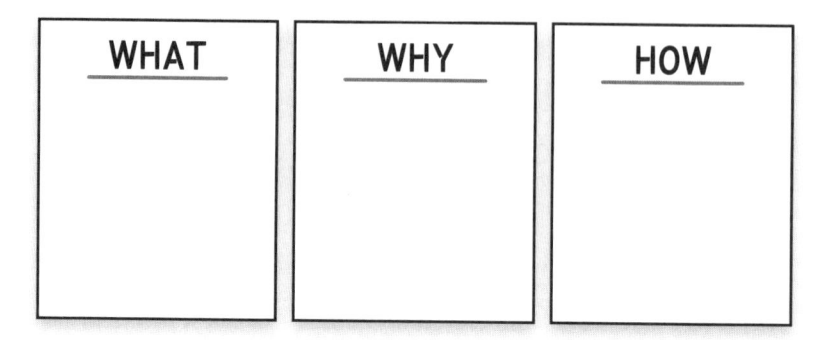

プロセス

1. 研修内容を紹介したあと、参加者に付箋を1人3枚取ってもらい、それぞれの付箋に、「What」「Why」「How」とタイトルを書いてもらう

2. 参加者に次の質問に対する答えを書いてもらう
「What：今日の研修でもっとも重要で学びたいと思っていることは何ですか？」
「Why：どうしてそれが重要だと感じているのですか？」
「How：今日の研修がどのように学べると良いですか？　たとえば、講義が良いのか、アクティビティが多い方がいいのかなど」

3. 書き終えたらホワイトボードに付箋を貼ってもらう

インストラクション例

《例：リーダーシップ研修の場合》

　付箋を1人3枚取ってください。それぞれの付箋に「What」「Why」「How」と書きます。

　ここまでで研修の目的と内容を聞いていただきましたが、その中でとくに自分が学びたいと思ったこと、なぜそれを選んだか、それをどういう形、どういう方法で学びたいかを付箋1枚にひとつずつ書いてください。そして、それぞれ「What」「Why」「How」のフリップチャートに貼ってください。

　たとえば、リーダーはビジョンを語るのが大事だと感じたのだとしたら、「ビジョンを語ることについて詳しく学びたい」と「What」に書きます。なぜかと言うと、「来月新しいプロジェクトを立ち上げる予定で、そこでビジョンを語るのは大切だと思うので」ということであれば、それを「Why」に書きます。「How」はたとえば、「できれば事例をいっぱい聞きたいです」というように書いてください。

メリット

- 「これが大事だ」と講師が押しつけるのではなく、「何を学びたいか」を参加者自身がアウトプットすることで、主体的な学びにつながる
- トピック（「何を」）に加えて、「どうして」を考えることで、参加者が研修について目的意識をもつことができる（自分の言葉でアウトプットすることで、研修を通して主体的に意識を向けることができる）
- 「どのように」という学び方の好みを聞くことで、参加者のニーズを把握できる（ニーズに応えることで満足度が高まる）

バリエーション

・次のように置き換えることでクロージングに応用可能

What	何を学びたいか→何を学んだか
Why	どうしてそれが重要だと思ったか
How	どのように学びたいか→どのように実践するか

- 全員ではなく、チーム単位で行うこともできる
  - ＊クロージングは全員の意見を集約する必要はないため、チーム内で行えれば十分（全員で行う必要はない）
  - ＊参加者の人数が多い場合、オープニングでも各チームで1枚のフリップチャートをつくるという方法をとることで時間を短縮できる

注意

- 「How」の部分は、「準備していなかったらどうしよう」という心配もあるかもしれないが、経験上、目的やアジェンダを説明したあとであれば、驚くような意見はほとんど出てこない（よくあるのが、「講師からアドバイスがほしいです」「お手本を見たいです」「フィードバックがほしいです」「ロールプレイは苦手です」など）
- 用意していた内容、進め方と一致している点については「皆さんが書いてくれた通り……」と付箋に書かれた内容に関連づける
- 「ロールプレイが苦手」と書かれていて、ロールプレイを予定している場合、ロールプレイのどんなところが苦手なのかを確認し、その要素を排除できないかを工夫する（例：「全員の前でダメ出しされるのはちょっと……」ということであれば、ロールプレイは少人数のグループ内で行う、全員の前でやるのは希望者のみにするなど）

「約束」と「お願い」

　基本的に、研修のグラウンドルールは、参加者自身に決めてもらいます。講師が考えたものを伝えるよりも、自分たちで考えてもらったほうが、オーナーシップが高まるためです。そこで、ここではグラウンドルールを考えてもらうためのアクティビティを紹介します。

　このアクティビティでは、参加者自身が守るグラウンドルール（たとえば「積極的に発言しましょう」）だけではなく、講師に守ってほしいこともリクエストしてもらいます。「自分たちはこういう約束をします。だから講師にもこういうことをお願いします」といったことを考えてもらいます。「約束」と「お願い」を同時にすることで、安心して主体的に学べる環境づくりへとつなげます。

目的
参加者自身が研修のグラウンドルールを決めることでオーナーシップを高める

対象テーマ
どのようなテーマでも可能

対象人数
10人以上が望ましい
＊5〜6人ずつのチームに分かれ行う

時間
5〜10分

準備するもの
- 付箋：1人10枚程度
- 太いペン：1人1本以上

● フリップチャートまたは模造紙：1枚

プロセス

1. チーム内で「Iチーム」「Pチーム」に分かれてもらう（6人だったら3人ずつ）

2. 付箋や太いペンなど必要なグッズをそろえる

3. 「Iチーム」はインストラクター（講師）のチーム、「Pチーム」はパーティシパント（参加者）のチーム。「Iチーム」では、「研修で講師が守るべきルール」を考えて付箋に書き出し、「Pチーム」は、「参加者が守るべきグラウンドルール」を考えて付箋に書き出す

＊よく出るもの

Iチーム	「時間通りに終わってください」「わかりやすい言葉で話してください」「突然指名するのをやめてください」
Pチーム	「積極的に発言しましょう」「楽しみましょう」「時間を守りましょう」「携帯電話をしまっておきましょう」

4. チーム内で検討したあと、「Iチーム」「Pチーム」を担当した全員が付箋を持ち寄り、自分たちが考えた「お願い」と「約束」から10個（または5個）を選ぶ

5. それぞれのチームが発表し、お互いに追加したいものがあれば追加する

6. 研修中、3時間おきくらいにグラウンドルールに立ち戻って「守れているかどうか」をお互いに確認する（1～5など、お互いに点数をつけて評価しても良い）。守れていないことがもしあるとすればどうすればいいかを話し合ったり、お互いに提案し合ったりしながら進めていく

　＊フリップチャートに貼り出し、研修中ずっと見られるようにしておく

《フリップチャート例》

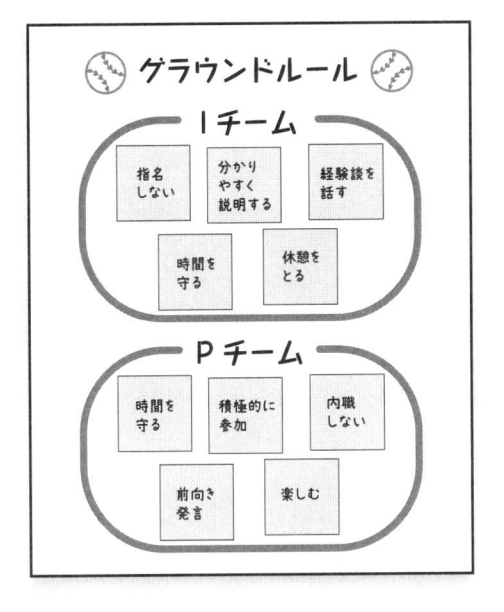

 **インストラクション例**

（6人チームの場合）

　今から皆さんに研修のグラウンドルールを考えていただきます。今日の研修を意義ある時間にするために、参加者である皆さんの参加姿勢、そして講師である私に守ってほしいことをグラウンドルールとして設定しましょう。

　6人のうちPチームの3人は、自分たちの参加姿勢を考えて、Iチームの3名は講師に対するお願いを考えます。自分たちのグラウンドルールは、たとえば、「積極的に発言しましょう」とか「楽しみましょ

う」とか「時間を守りましょう」とか「携帯電話をしまっておきましょう」などです。講師にお願いしたいことは、たとえば、「時間通りに終わってください」とか「わかりやすい言葉で話してください」とか「突然指名するのをやめてください」などです。

（各チームで考えたあと）
　Iチームの方、Pチームの方、それぞれ集まっていただきます。そして考えたグラウンドルールを共有し、その中から重要だと思うものを5つ選んでいただけますか？　その5つを今日のグラウンドルールにします。

メリット

- 参加者にとって押しつけられた感覚が低下する
- 研修中ずっと貼っておくことで、グラウンドルールを守ってもらえる可能性が高まる
- 講師もリクエストを聞くことができる

バリエーション

- グラウンドルールとして、「これは出てほしい」と思うものが出ていなかった場合は、講師側から追加する（例：「電話のことが何も出ていないのですが、皆さん『電話は休憩中だけにお願いします』と追加していいですか？」）
- 講師側へのお願いも、出ていないけれど絶対に守ると宣言したいものがあれば、「今日、突然の指名は絶対にしません」「時間は絶対に守ります」などと伝える

注意

講師の立場から追加する場合は、各チームの発表が終わったあとに行う

「ユニークな点」と「共通点」

　人はそれぞれ何か人と違う「ユニークな点」があるものです。ですがそれと同時に、「共通点」もあります。共通点を見つけることによって親近感が高まるとともに、ユニークな点を知ることでチームビルディングにつながります。

　まずは、そんな1人ひとりがもつ「共通点」と「ユニークな点」を使った自己紹介のアクティビティを紹介します。

目的

参加者同士の自己紹介を楽しい方法で行うことでチームビルディングにつなげる

対象テーマ

どのようなテーマでも可能

＊インターパーソナルスキル、対人関係スキル関連はとてもフィットする

対象人数

何人でも可能

＊5～6人のチームに分かれて行う

時間

10～15分程度

＊ユニークな点や共通点の数によって時間調整が可能（「3個」→「2個」に減らすなど）

準備するもの

●フリップチャート：全体の見本として1枚、各チームに1枚

●太いペン：1人1本以上

《フリップチャート例》

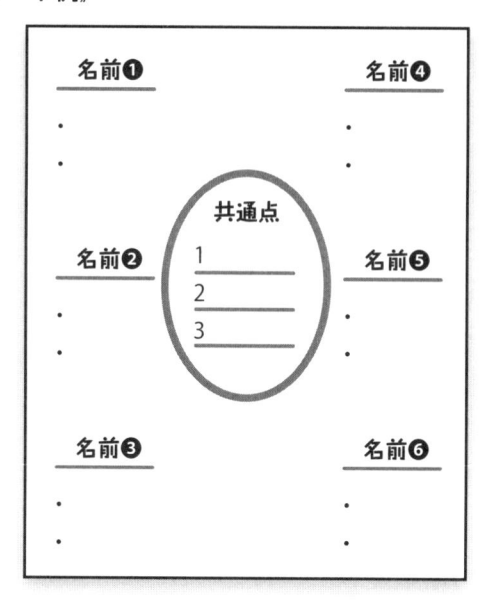

1. 各チームのフリップチャートに大きな円を描いてもらい、中に共通点が書けるようなスペースをつくってもらう

2. 円の外にはメンバー全員の名前を書いてもらう

3. 円の中に123と番号を書いてもらう

4. 5分でチームのメンバーの共通点を見つけてもらい、外にある名前の下にはそれぞれの人のユニークな点を書いてもらう

補足

◇ 「見た目でわかるものはユニークな点や共通点に挙げないように」と、事前にアナウンスします。たとえば、「このチームは私だけが男性で、あとは全員女性です」「このチームの中で私だけが外国人です」「今日全員このセミナーに参加しています」「このチームは全員メガネをかけて

います」などは挙げないように依頼します。

5. 共通点を見つけてもらう時、お互いにいろいろ質問し合わないと見つからないと口頭で補足する
6. 各人が見つけ終わったらチームメンバーの共通点と各人のユニークな点を発表してもらう
7. このアクティビティを通してどういうことを学んだか、何を感じたかということを引き出して今日の研修のトピックに結びつける

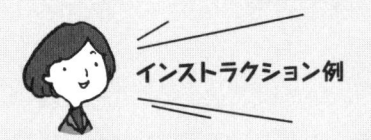

インストラクション例

各チームでこのようなチャートを仕上げていただきます。

円の周りにはメンバー全員のお名前を書いていただきます。そして、名前の下に、ユニークな点を2つ書きます。ユニークな点というのは、「ほかの人は行ったことがないような場所に行ったことがあります」とか「実はこんな趣味があります」とか、といったことです。

たとえば、「私はスキーをしたことがありません」「私は石垣島に50回以上行ったことがあります」などです。

そして、真ん中には、メンバー全員の共通点を3つ書きます。共通点といっても、見ただけでわかるものはやめておきましょう。たとえば、「全員女性です」「全員メガネをかけています」などは、見ただけでわかるので、ナシです。対話をして共通点を見つけてください。たとえば、「全員北海道に行ったことがあります」とか「全員紅茶よりコーヒー派です」などです。

メリット
- ●ふつうに自己紹介をするよりも盛り上がる
- ●ふつうの自己紹介よりも深い話が聞けるので場が温まり、緊張がとれやすい

●お互いに深く話すことになるので、チームビルディングになる

バリエーション

クロージングとしての活用

＊「持ち帰って実践しようと思っていること」をそれぞれ書き、その後、この
　チーム全員が共通で「『これは絶対にやろう』と思ったことを３つ書き出しま
　しょう」といったように変えると、効果的なクロージングになる

注意

チームの温まり具合によっては共通点探しは５分で終わらないこともある

5つ選ぶ

　チーム内での自己紹介をする際、話す内容を完全に自由にするよりも、ある程度トピックを提供したほうが話しやすいものです。また、トピックを提供することで、その日の研修のテーマと関連のある内容で話してもらうことができ、自己紹介をより有意義なものにできます。ここで紹介するのは、そんな効果的な自己紹介の方法として活用できるアクティビティです。

目的

- アイスブレイクを行い参加者の緊張をほぐす
- 研修のテーマに関連づけた自己紹介を行うことで、集中力を高める

対象テーマ

どのようなテーマでも可能

対象人数

何人でも可能

*5〜6人のチームに分かれて行う

時間

5〜10分

*1人1分程度を目安とする

*かけたい時間によって文章の数や内容を調整する（たとえば、「今までで一番〇〇だった経験は？」など経験を語ってもらうと長くなるが、「次の休みの予定は？」など予定や事実を聞くと短くなる）

準備するもの

（配布資料に入れる場合）後半が空欄になっている文章の書かれた用紙：1人1

枚　＊投影資料を用いても良い

補足

◇　進行上はどちらでも問題ありませんが、配布資料よりは投影資料とすることをお勧めします。持ち帰ってほしい情報を配布資料とするのが基本であるうえ、配布すると下を向いて話すことになってしまうためです。

《資料例》

◎**一般的なもの**

- ●好きな食べ物は＿＿＿＿＿＿＿。
- ●好きな音楽は＿＿＿＿＿＿＿。
- ●好きなスポーツは＿＿＿＿＿＿＿。
- ●好きな休みの過ごし方は＿＿＿＿＿＿＿。
- ●まとまった休暇がとれたらやりたいことは＿＿＿＿＿＿＿。
- ●最近はまっていることは＿＿＿＿＿＿＿。
- ●出身地は＿＿＿＿＿＿＿。
- ●今住んでいる場所は＿＿＿＿＿＿＿。
- ●今日の研修で楽しみにしていることは＿＿＿＿＿＿＿。
- ●今日の研修で学びたいと思っていることは＿＿＿＿＿＿＿。

◎**テーマ別：リーダーシップ、管理職、マネジメント研修**

- ●部下の人数は＿＿＿＿＿＿＿。
- ●今のチームでうまくいっていると感じていることは＿＿＿＿＿＿＿。
- ●今のチームで課題だと感じていることは＿＿＿＿＿＿＿。
- ●リーダー・上司として心がけていることは＿＿＿＿＿＿＿。
- ●部下から言われて一番嬉しかったのは＿＿＿＿＿＿＿。
- ●尊敬しているリーダーは＿＿＿＿＿＿＿。
- ●部下育成の醍醐味は＿＿＿＿＿＿＿。

◎テーマ別：販売、接客、営業研修

● お客さまと接するときに気をつけているのは＿＿＿＿＿＿＿。

● お客さまから言われて一番嬉しかったのは＿＿＿＿＿＿＿。

● お客さまから言われてショックだったのは＿＿＿＿＿＿＿。

● 苦手なタイプのお客さまは＿＿＿＿＿＿＿。

● この商品〇〇をぜひお勧めしたいお客さまは＿＿＿＿＿＿＿。

● 今の私の一押しアイテムは＿＿＿＿＿＿＿。

● 販売、接客、営業の醍醐味は＿＿＿＿＿＿＿。

プロセス

1. 後半が空白になっている文が書かれた用紙を配布（もしくは投影）する

2. 各チームでそれを使って自己紹介をする

3. 各参加者は書かれている文の中から５つ選んで自己紹介に盛り込む

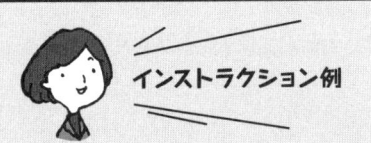 **インストラクション例**

　今からチーム内で自己紹介を行っていただきます。こちらの15のトピックから、１人５つ選んで自己紹介に含めてください。どれを選ぶかは自由です。お１人１分を目処に話していただきます。時間は全体で6分とります。

メリット

● 選択肢があることで、全員が話しやすくなる

● 数を制限することで、全員が均等に話しやすい

● 研修の内容に絡めて喋れるようなトピックを振ることで、自己紹介の内容を

講師側がある程度コントロールすることができる。その結果、自己紹介を研修の内容につなげやすくなる

- 内容を変えればどのようなテーマの研修でも使える

バリエーション

- リビジット、クロージングとしても応用可能
  * たとえば、ここまで出てきた内容についてのクイズのような空欄のある文章や「〇〇についての大事な点３つは？」などの文章を示し、チーム内で話してもらうことで、内容の振り返りができるようになる
- エナジャイザーとしての活用（事前調査必要）
  * 珍しい体験をしたことがある人がいるなどの情報を事前に得ることができれば、研修の途中で集中が途切れた頃に、クイズのように使うこともできる。たとえば、「エベレストに登ったことがある人は？」をみんなで当てるなど

注意

かけられる時間が短いときは、話す項目の数を少なく（３つ程度）する。一方、じっくりと時間をかけられるときは５〜７つ程度選んで話せるように設定する

オープニング10　　　　　　　　　　　　　　　　　　**自己紹介**

1 オープニング

2 クロージング

3 リビジット

4 エナジャイザー

5 その他

ネームテント

　これも自己紹介の際に、話す内容・量をある程度コントロールできる方法のひとつです。「名札」の代わりに「ネームテント」を利用することもあるかと思いますが、この「ネームテントをつくる」ということを、事務局・担当者が行うのではなく、参加者自身に行ってもらいます（このアクティビティに限らず、基本的に参加者ができることは参加者に行ってもらうことが学びに対する主体性を高めます）。

　ネームテントに、その日の目標などを書いてもらうと、あとで振り返ることもできます。また、自己紹介の前に書くことで、話す内容がまとまり、効率良く進めることもできるでしょう。

目的
● アイスブレイクを行い参加者の緊張をほぐす
● 研修の話題に関連づけた自己紹介を行うことで、集中力を高める

対象テーマ
どのようなテーマでも可能

対象人数
何人でも可能
＊5〜6人のチームに分かれて行う

時間
10分程度
＊ネームテントをつくって書く時間を2分程度とり、その後1人1分程度で自己紹介する

準備するもの

- 紙（A4サイズ）：1人1枚
- 太いペン：1人1本以上

プロセス

1. 1人1枚の白い紙を配る
2. 4つに折って三角形をつくってもらう
3. 置いて見えるところに名前を書いてもらう
4. 名前を書いた面の裏側の面に自己紹介となるようなことを4つ書いてもらう
   ＊4つのうち2つはどのような内容でも良いが（例：週末の予定、次の旅行で行きたい場所など）、残り2つは研修の内容と絡めておくとその日のトピックにつなげやすくなる
   ＊書いてもらう項目は、研修のテーマに合わせて適宜変更する
5. ネームテントを見せ合いながら自己紹介をしてもらう

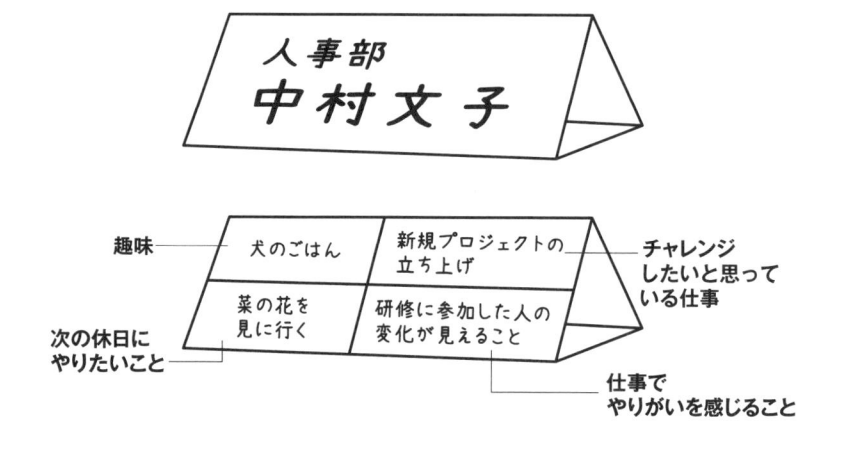

インストラクション例

　これからネームテントをつくって、チーム内で自己紹介をしていただきます。

　まずは、紙を半分に折ります。半分に折ったところに向けてもう1回半分にこうやって折ります（実際に折っている様子を見せる）。

　そうすると、ネームテントができます。置いた時に、見えるところにまず自分の名前を書きます。そしてその裏側の面に情報を4つ書きます。

　左上には「趣味」、左下には「次の休日にやりたいこと」、右上には「今チャレンジしたいと思っている仕事」、右下には「仕事でやりがいを感じること」を書いてください。

（書き終わった様子を確認し）

　ではこれから、チーム内で見せ合いながら皆さん1人1分くらいで自己紹介をしましょう。

メリット

- まず書いてから話すので、どんな人でも喋りやすい
- 1人ひとりが喋る分量をコントロールしやすい
- 話す内容を講師側がコントロールできるので、研修トピックに関連した自己紹介を行ってもらいやすい
- 事務局や担当者がネームテントを用意しなくていい（参加者ができることは、参加者にやってもらう）

バリエーション

研修トピックについて「持ち帰りたいこと」「今日学びたいこと」を書いてもらう
　＊常にそれを確認しながら研修を進めることができるというメリットがある。

研修が終わる時に、最初に書いた「今日学びたいこと」を達成したかどう
かを確認することもできる

注意
すべてを自由に記入させるのではなく、研修のテーマと関係のある項目も入れ
るようにする

2-2

クロージング

効果的なクロージングの進め方

「人は最初と最後は記憶しやすい」というのは、オープニングの項で述べた通りです。学んだ内容についての振り返りを行い、今後の実践に向けて整理したり、アクションプランを立てたりすることがクロージングの主な目的です。

　ポジティブな感情と結びつけるほうが記憶への定着や実践へのサポートになります。そのため、クロージングはポジティブなトーンで終われるように工夫すると良いでしょう。

「効果的なクロージングのデザイン」のうち、本書では「2．習得したことの確認をする」「3．アクションプランを立てる」「4．メッセージ性のあること」に活用していただけるアクティビティを紹介します。

　なお、次ページの「効果的なクロージングのデザイン」は、大まかな流れとなります。テーマやかけられる時間、流れによって適宜調整しながら行えると良いでしょう。

　以下で紹介するアクティビティには、「2．習得したことの確認をする」と「3．アクションプランを立てる」の2つを同時に行うものもあります。

POINT!

◎効果的なクロージングのデザイン

1．アンケート記入
一通りのコンテンツが終了したところで、先にアンケートに記入してもらう

2．習得したことの確認をする
その日の内容を振り返り、全体感、優先順位の整理などを行ったり、理解度チェッククイズなどで習得内容の確認を行ったりする

3．アクションプランを立てる
個人でアクションプランを書き出し、ペアやチームで共有する

4．メッセージ性のあること
3まで行い、講師からの励ましの言葉で終了しても良いが、記憶への定着や実践に向けての意欲を高められるよう、インパクトのある内容を最後に加えることも効果的（例：研修内容を実践して大きな成果を出した事例の紹介、行動を促す言葉、成功場面をイメージしてもらう写真の活用など）

学びのラボ（LABB）

　このアクティビティの主な目的は、参加者が研修での学びや気づき、さらには今後何を実践するかを書き留める機会を提供することです。紙に書くという作業を行うことで、より記憶に残り、また記録にもなるので、実践につながることが期待できます。

目的
学びや気づきをまとめ、実践に移すコミットをする

対象テーマ
どのようなテーマの研修でも可能

対象人数
何人でも可能

時間
10〜15分

＊書く時間5分＋共有の時間5分（ペアで共有する場合）

〜10分（チームで共有する場合）

準備するもの
ワークシート：1人1枚

《ワークシート例》

研修でもっとも大切なことは、学んだことを実践に移し、ビジネス上の成果につなげることです。そこで、今日の研修での学びを振り返り、下記にまとめ、今後の実践に向けて準備しましょう。

Lesson
今日の研修からの学びや気づきの中で大切なことを書き出してください。

Action
ビジネス上の成果につなげるために、実践することは何ですか？　できるだけ具体的なアクションを書き出しましょう。

Barrier
実践するにあたり、障害となりそうなことはありますか？　障害をどう乗り越えるかイメージしておくとこは大きなサポートになりますので、書き出しておきましょう。

Lesson
今日の研修からの学びや気づきの中で大切なことを書き出してください。

Benefit
最後に、これらを実践することで得られそうなメリットを書き出しましょう。

研修が終わったら、ここに書いたことを上司と共有します。また、これらを実践し、どんな結果・成果が出たかを、再度上司と共有しましょう！

プロセス

1. 「学びのラボ」用紙を配布、もしくは白紙の用紙を配布し、下記の項目を書き出してもらう

Lesson　今日の研修からの学びや気づき
Action　ビジネス上の成果につなげるために、実践すること
Barrier　障害となりそうなこと
Benefit　実践することで得られそうなメリット

2. 各参加者が考えをまとめて書き出す時間を5分程度とる
3. ペアや数人のチームで書いたことを共有してもらう

インストラクション例

　今から個人ワークをしていただきます。研修で皆さんが学び、持ち帰って実践しようと思っていることを振り返っていただき、4つに分けてワークシートに書き出してください。
　「ラボ」というのは、研究所などのラボラトリーに引っ掛けてLABBです。

　1つめが「レッスン」。こちらは今日の研修で学びや気づきが大きかったものを書き出してください。
　2つめが「アクション」。学びをもとに、ビジネス上の成果につなげるために皆さんが実践することを書き出してください。
　そして、実践しようと思った時に障害になりそうなこと、「バリア」があれば3つめに書いてください。
　そして4つめは、その障害を乗り越えて実践することで得られそうな「ベネフィット」、つまり利点、メリットを書いてみましょう。

たとえば、今日行ったリーダーシップ研修で、自分がもっと部下の話を聞いてあげなければいけないなということに気づいたとします。

　「アクション」としては、「来週から〇〇さんと1週間に最低10分は対話する」など、具体的なアクションを書きます。「バリア」は、「お互い忙しいのでなかなかスケジュールが合わないので、工夫が必要」などと書きます。実践することで得られそうな「ベネフィット」は、「コミュニケーションをとることで信頼関係につながる」というようなことをお書きください。

　書く時間は5分です。まずは個人でご記入ください。終了後に共有の時間をとります。

メリット

- 自分が実践しようと思っていることの優先順位をつけて整理できる
- 障害となりそうなことをあらかじめ考えておくことで、実践や継続、対応力向上につながる

バリエーション

参加者の中から数名に、参加者全員の前で書いた内容を発表してもらい、発表を受けて講師が今日の学びの要点を強調することもできる

注意

障害になりそうなことを認識することが大切（例：これまでの習慣を断ち切るのが難しい、上司のサポートが得られない、時間の制約など）。障害になりそうなことを書き出すのと同時に、実践したら得られるベネフィットも書くことにより、学びや気づきを実践に移すモチベーションを高めてもらうようにする

クロージング2   **習得したことの確認・アクションプラン**

1ヶ月後、従業員食堂で

　研修後に「何をどう実践するか」を、具体的にイメージしてもらうためのアクティビティです。即興で演じるインプロのように、研修1ヶ月後に今日の研修に参加している人にばったり会った想定でどんな会話をするか、ストーリーを考えて対話してもらいます。

目的
研修の学びを実践するイメージを具体化する

＊実際にやろうと思っていることを言うだけではなくて、その成果も話すことになるため、「やってみたらどうだったか」まで自分の中でイメージを形成できる

対象テーマ
どのようなテーマでも可能

対象人数
何人でも可能

＊2～3人に分かれて行う

時間
5～10分

準備するもの
とくになし

プロセス
1. 参加者全員がペア、もしくは3人組に分かれる。今日から約1ヶ月後に、このペアもしくは3人が、従業員食堂でばったり再会した場面を想定して対話

を行う。

2. 個人でイメージをしてもらったうえで、ペア、もしくは3人組のうちの誰か
   が次のように言うところから、対話を始めてもらう。
   「あ、お久しぶりです！　以前○○研修で一緒でしたよね！」
   それに続いて、研修後何をどう実践したか、どんな成果が出ているかをお互
   いに報告し合う形で対話を進める

3. 5分程度対話を続けてもらう

インストラクション例

　今から2人で対話を行っていただきます。

　何を話すかというと、今日この研修で一緒だった方と、1ヶ月後に
たまたま従業員食堂で顔を合わせ、その後の成果を報告し合う会話で
す。

　「○○さん、お久しぶりです。以前○○研修で一緒でしたよね」と言
って何となく会話が始まります。

　そこで「どんな会話をするか」を想像して、今この場で対話をして
いただきます。

　この1ヶ月の間に研修で学んだことのうち、何をどう実践して、ど
んな成果が出たかをお互い報告し合ってください。

　会話としては、「あ、久しぶりですね。元気ですか？　あの時言った
こと、やっていますか？」などと話しかけて、2人で対話をしましょう。

　対話をする前に、まずは2分間、自分の中でイメージを膨らませて
から、話していただきます。話していただく時間は5分です。

メリット

- 書くよりも短い時間でやることができる
- インプロ（お芝居をその場でパッとつくっていく即興劇）の要素があるため、短時間で会話の中で発想を広げることができる
- 基本的に楽しい対話なので、「祝い」になる

バリエーション

- 数名に、どんな対話をしたかを全体に向けて共有してもらうこともできる
- 自分が話した内容を記録する（できれば動画、難しいようならばメモ）
  ＊動画を上司と共有できると、フォローアップにもつなげやすくなるためさらに効果的

注意

- 楽しくポジティブに成功イメージを描いてもらうことが大切なので、深く綿密にトークを考えてから挑むのではなく、「即興」で行ってもらう
- プレッシャーになりすぎないよう、講師がアクティビティの説明をするときに、楽しくポジティブな雰囲気をつくり出すことが大事

ギャラリーウォーク

　スライドはずっと投影し続けることはできませんが、フリップチャートは研修中ずっと掲示しておくことが可能です。そのため、主要なポイントは、フリップチャートに書いて会場内に貼り出しておくことをお勧めしています。

　ここで紹介するのは、掲示されたフリップチャートをリビジットに活用するアクティビティです。研修を通じて作成してきたフリップチャートをあらためて見ることで、学習の振り返りを促します。

目的
研修の最後に重要なポイントを振り返ることで、記憶への定着をはかる

対象テーマ
どのようなテーマでも可能

対象人数
30人くらいまで

時間
10〜12分間

準備するもの
- 壁に貼る模造紙やフリップチャートなど：掲示したいトピック1つにつき1枚
- 太いペン（数色）：1人1本以上

プロセス
1. 研修中、主要なコンテンツを講師がフリップチャートにまとめ、それを順次壁に貼り出しておく

*大切な点が壁に貼られている環境をつくることで、参加者は必要に応じてそれを見ることができるようになるためリビジットの効果がある

2. 研修終了時に、全員がメモ用紙を持って立ち上がり、部屋中に貼られた紙に書かれた内容を見て回る

3. その際、自分のアクションプランに取り入れたいことを手元のメモに書き写してもらう

インストラクション例

ではこれからギャラリーウォークを行います。

ギャラリーというのは、通常はアートが展示してある場所ですが、今日はこの研修会場がギャラリーです。今日の研修内容の主要な内容をフリップチャートにまとめたものが壁に貼ってありますので、それを作品と見立てて、ペアでギャラリーを回っていただきます。

黙って作品を見て回るのではなく、作品について語り合いながら1周してください。「これは何がポイントだったか」「自分はどう実践しようと思っているか」について、語り合ってください。

また話した内容をメモにとることもお勧めします。

時間は7分です。回る順序やペースは2人にお任せします。

メリット

動き回るのでエナジャイザーの効果がある

バリエーション

2日以上の研修の場合、2日目以降の研修開始時にギャラリーウォークをすることで、前日までの内容を振り返ってもらうことができる

- フリップチャートの文字は大きく読みやすく書くこと
- 研修中に紹介した図があれば、その図も入れておくと良い

コンサルティング封筒

「参加者主体の研修手法」では、参加者同士の対話から生まれる気づきや学びも重視しています。より実践的だったり、納得度が高まったりするメリットがあるためです。

　ここで紹介するアクティビティは、参加者同士の対話から学びを促進するものです。

目的
- 研修での学びを楽しみながら振り返る
- 参加者同士がお互いに助け合うことで、講師に頼らずに参加者同士で課題を解決する力を身につけてもらう

対象テーマ
どのようなテーマの研修でも可能

対象人数
何人でも可能

＊10人以上の場合は5〜6人のチームに分かれて行う

時間
10〜15分

準備するもの
- 封筒：1人1枚
- 封筒に入るサイズのカード：1人あたり参加者の人数分くらい

　　　　　　　　（例）参加者20人の場合：20枚x20人＝400枚

1. オープニング、または研修の前半が終わったタイミングで（例：1日研修の場合は午前中の最後か午後の最初のタイミングで）、参加者はそれぞれ自分の封筒の表に、自分の名前を書き、名前の下に、「この研修で学んで帰りたいことやアドバイスが欲しいこと」を記載する

   ＊下記のインストラクション例のように、封筒を貼り出しておき、休憩時間などに見てもらうようにアナウンスする

2. クロージングで、その封筒を参加者間で回していく

3. 回ってきた封筒の表面に書かれている「学んで帰りたいことやアドバイスがほしいこと」に対して、提供できる情報やアドバイスを、手元のカードに書いて封筒に入れる。1人ひとりができるだけ多く貢献できるよう考え、どんどんカードを入れていくように促す

   ＊カードには自分の名前を書いてもらう

4. 書き終わったら、各参加者の手元にその人の封筒を届ける

5. 参加者は自分が書いたことに対して与えられた情報やアドバイスの内容を確認し、チーム内もしくは全体で共有する

インストラクション例

（オープニング、または研修中の前半が終わったタイミングで）
　封筒にお1人ずつ名前を書いていただきます。また、名前と一緒に、自分はこの研修を通して「こんなことについて知りたい」「アイデアがほしい」「アドバイスがほしい」ということをひとつ書きます。

　クロージングの際に、お互いにアイデアやアドバイスを書いて入れる、というアクティビティを行います。封筒は名前と、学びたいことを書いたらいったん回収します。そしてあとでこの壁に貼っておきますので、誰がどんなことをテーマに書いているか、休憩時間などに見

ておいてください。

（クロージングで）
　皆さんが書いた封筒を今から順番に回します。表に書かれているテーマについて、アイデアやアドバイスをカードに書いて、入れていきましょう。1人に書いたら次の封筒、というふうにどんどん回していきます。
　カードには自分の名前を書くようにしてください。

（記入が終わったら）
　では中に書かれていることを確認しましょう。もしまだ情報やアドバイスが足りないと感じる人がいたら、チーム内でお互いに補足しあいましょう。

メリット

- 誰がどんな知識・経験をもっているかがわかるので、研修が終わってからも相談しやすくなり、ネットワークをつくり出すことにつながる
- 自分が学びたいことを書くこと、また、周りに何か貢献しようと思うことで主体性が高まる

バリエーション

- クロージングでカードに書く時間をとらずに、封筒をずっと壁に貼っておいて休憩時間に書いてもらう（クロージングでは中身の確認のみ行う）というやり方も可能
- 封筒の表に、「今日学んだことを理解していたら答えられるようなクイズ」を書き、答えを無記名で入れていくというアレンジも可能。答えを見て、全員が正解しているかどうかをチェックすることで、ミステリー的なおもしろさを味わいながら学習内容を振り返れる

お祝いカード

　学んだことを確認し、参加者同士が称え合うアクティビティです。「何を実践するか」を、参加者自身によって明確に言葉にして、カードに書き出してもらいます。また同じカードに、ほかの参加者からのメッセージを書いてもらいます。こうした工夫によって、クロージングの場面を、よりポジティブな雰囲気にすることができます。

目的
- 研修での学びを職場に持ち帰り、何をどう実践するかのイメージを明確にする
- 参加者同士がお互いを称え合う機会をつくる

対象テーマ
どのようなテーマの研修でも可能

対象人数
何人でも可能

時間
7～10分

準備するもの
7cmx12cmくらいの大きさのカード：1人1枚
＊ポストイットではなく、デザインされたものがいい

《カード例》

1 オープニング

2 クロージング

3 リビジット

4 エナジャイザー

5 その他

プロセス

1. 参加者はカードを受け取り、名前と、「今日の研修で学んだことの中から、もっとも重要だと感じた」こと、そして「それを職場でどう実践に移すか」を記入する

2. 記入後、各チーム内で誰か1人が、チームメンバー全員のカードを集める

3. 2で集めたカードをシャッフルしてチーム内で再配布する（その際、カードが書いた本人の手元にいかないように注意する）

4. カードを受け取った人は、カード表面に名前がある人について、配られたカードの裏面に次のことを記入する

_____さんはこの研修中、次のような貢献をしてくれました。_____。

5. 記入が終わったら、先ほどカードを集めて再配布した人から、1人ずつ次のようなことを順番に発言してもらう

> 「私は●●さんのカードを持っています。●●さんが研修後実践するのは、＿＿＿＿（カード表面を読む）＿＿＿＿ということです。」
>
> （続けて裏面を読む）
> ＿＿＿＿＿＿＿＿＿＿＿＿＿さんはこの研修中、次のような貢献をしてくれました。＿＿＿＿＿＿＿＿＿＿＿＿＿＿＿＿＿＿＿＿＿＿＿。

6. 5のように読み上げたあと、カードを本人に手渡す。自分のカードを受け取った人は「ありがとうございます」とだけ発言することができる

7. カードを受け取った人が、次に、自分の手元にあるカードを使って同じことを行い、全員に回るまでこのプロセスをくり返す

インストラクション例

このカードに、個人で書いていただきたいことが3つあります。
　まずは、今日の研修で学んだことの中から、もっとも重要だと感じたこと。2つめは、それを職場でどう実践に移すか。最後に自分の名前です。

（書き終わったら）
　書いてくださったカードをいったん集めます。チームの中で1人、集める人を決めてください。

続いて、集めたカードをシャッフルして、再配布してください。
今受け取ったカードについて、2つのことを行っていただきます。

まずは、書かれている内容を読むこと。そして2つめは、そのカードを書いた方に向けたメッセージを、カードの裏に書くことです。メッセージは、その方がこの研修中、どのような貢献をしてくれたかを書いてください。

たとえば◯◯さんのカードを受け取ったとします。表面には、◯◯さん自身が「研修で学んだこと」と「何をしようと思うか」が書いてありますが、その裏に、「今日の研修で◯◯さんが貢献してくれたこと」、たとえば、「いつもポジティブなコメントをしてくれて、チームの雰囲気が良くなりました。ありがとうございます」などと書きます。ではお願いします。

（書き終わったら）
では書いたものをお互いに伝え合いましょう。カードを集めてくれた人からお1人ずつ、手元にあるカードの表と裏を、みんなに聞こえるように読み上げていただきます。たとえば、「私は◯◯さんのカードを持っているので発表します。◯◯さんは研修が終わったらこんなことを実践するそうです。今日、◯◯さんはいつもすごくポジティブなコメントをしてくださってチームの雰囲気づくりに貢献してくださったと思います。ありがとうございました」というように行います。
それを受けて、◯◯さんだけが、お礼として「ありがとうございます」とだけ言うことができます。そしてカードを本人に戻し、受け取った人が今度は手元にあるカードを読み上げるという流れで進めます。

メリット

- カードを持ち帰れるので覚えていられる
- ほかの人からの自分に対する感謝の言葉が書かれていると嬉しかったり、や

ろうと思えたりと、良い行動を後押しできる

バリエーション
裏に書く言葉をその日の貢献ではなく、励ましのメッセージにすることも効果的

注意
カードに使う紙は、厚めの紙だったり、デザインされていたりすると、特別感が出て良い演出になる。後々までとっておこうという気持ちを生むという点でも効果的

「始めること」「やめること」「続けること」

　学びや気づきを振り返ってまとめ、何を実践するかを考えるアクティビティです。ひとくちに実践する、といってもそう容易なことではありません。とくに、新しいことを取り入れる際は、今やっていることに追加するよりも前に、「これまでの行動をやめよう、変えよう」と感じてもらうことも重要です。また、これまでの行動の中には、これからも続けたほうがいいものもあるでしょう。

　このように「始めること」「やめること」「続けること」を同時に考えることで、行動変容を促しやすくなるアクティビティを紹介します。

目的

● 新しく始めることばかりではなく、今までのことをUnlearn（アンラーン）することで行動変容を促す
● 続けることを同時に考えることで、これまでの自分自身を肯定する

対象テーマ

どのようなテーマでも可能

対象人数

何人でも可能

時間

5〜10分

準備するもの

「始めること」「やめること」「続けること」を書き留めるワークシート：1人1枚

《ワークシート例》

今日の研修での学びをもとに、
今後のアクションを考え書き出しましょう。

始めること
研修前はやっていなかったことで、新たに取り入れよう、始めようと思うこと

やめること
研修前は行っていたことや使っていた方法だけれども、研修で学びを得たことによって、やめたほうが良いと気づいたので、やめようと思うこと

続けること
研修前から行っていたこと、使っていた方法で、研修で学んだことと一致していたり、良いことであると確認できたりしたので、継続しようと思うこと

プロセス

1. 各参加者は、学びや気づき、実践しようと思ったことを振り返り、以下の3つの項目に分類して書き出す

「始めること」	研修前はやっていなかったことで、新たに取り入れよう、始めようと思うこと
「やめること」	研修前は行っていたことや使っていた方法だけれども、研修で学びを得たことによって、やめたほうが良いと気づいたのでやめようと思うこと
「続けること」	研修前から行っていたこと、使っていた方法で、研修で学んだことと一致していたり、良いことであると確認できたりしたので、継続しようと思うこと

2. 個人での記入が終わったら、チーム内で共有してもらう

インストラクション例

《トレーナー研修の場合》

　これから個人ワークで、今日1日を振り返っていただいて3つのことを書き出していただきます。「始めること」「やめること」「続けること」です。

　「始めること」というのは、研修前は知らなかったとかやっていなかったことで新たに取り入れようと思うこと、始めようと思うこと。

　そして「やめること」。研修前は行っていたことや使っていた方法だけど、今日の研修で学びを得たことによって「これはやめよう」と思うこと。

　最後は「続けること」。研修前から行っていたことのうち、今日の研

修で学んだことと一致していたことというのもたくさんあると思います。自信をもって続けよう、継続しようと思うこと、この3つを書き出してください。

　たとえば、始めることは「90、20、8の法則を取り入れようと思います」、やめることは、「『突然の指名』というのを眠気覚ましだと思っていたけどやめようと思います」などです。続けることは、たとえば「今までも楽しい雰囲気で研修をしようと思っていましたし、今日も楽しさというのが重要だと思ったので、続けようと思います」など、それぞれ書いてください。
　終わったら書き出した内容をチームでシェアします。

メリット

- 自分の行動を具体的にイメージできる
- 「やめること」を書くことで、アンラーンや行動変容が具体的になる
- 「続けること」で自分自身を肯定することができ、ポジティブな雰囲気に貢献する

バリエーション

- 各単元が終わるごとに書き出していく
- 紙をラーニングパートナーと交換して、1週間以内にお互いにその内容を相手にメールして励ます
- 同じ職場のメンバーが同じ研修に参加している場合、お互いに宣言し合ってもらい、どうフォローアップするかを決めてもらう

注意

時間に応じて書き出す数を調整する（時間が足りない場合は1項目1個ずつ、時間に余裕がある場合は1項目3個ずつなど）

理由トップ10

「アクションプラン」（学んだことで実践しようと思ったことをずらっと書き出している）を書いたページの中から、チームでやると良い項目を選び、その理由を考えて「トップ10」を書き出すアクティビティです。実践することに優先順位をつけること、さらには「なぜ、それが大切か」を考えることで、参加者自身の納得度を高める効果が期待できます。

目的

- ●「トップ10」と理由を考えるプロセスの中で、研修内容の振り返りを行い、アクションプランを立てる
- ●なぜそれが大事なのかという理由を明確にすることで、行動につなげやすくする

対象テーマ

どのようなテーマでも可能

＊対人関係スキルや、実践に移すのに障害がありそうな研修にとくに向いている

対象人数

何人でも可能

＊5～6人のチームに分かれて行う（チームの数はいくつでも可能）

時間

20～30分

準備するもの

- ●付箋：1人5枚
- ●フリップチャート：チームで1枚
- ●太いペン：1人1本以上

1 オープニング
2 クロージング
3 リビジット
4 エナジャイザー
5 その他

1. 1人ひとりがアクションプラントップ5とそれを行ったほうがいい理由を考える（5分程度）
2. 1で書いた内容をチームで共有し、チームとして「トップ10」に集約する
3. チームの「トップ10」をフリップチャートにまとめ、全体で共有する

インストラクション例

　ではこれから、今日の学びをもとに何を実践するのか、そしてそれはどういうメリットがあるのかを考えるアクティビティを行います。

　まずは個人ワークです。今日の学びを振り返って、実践しようと思うことを5つ選びましょう。付箋を1人5枚とり、選んだ5つを1枚につき1つ書いてください。さらにその5つについて、なぜそれを実践しようと思うのか、その理由も書いてください。

（個人ワークのあと）
　次に、個人で書いた5つをチームで集約していただきます。全員が書いた付箋を貼り出しましょう。その中からチームとして大切だと考える「トップ10」を選んでください。その際、なぜそれを実践しようと思ったのかという理由も考慮して選んでください。「トップ10」が選べたら、フリップチャートにまとめて書く、というところまでお願いします。

メリット

- 理由に納得していると、実践しようという気持ちが継続する
- 研修で学んだことを、自分のこととして捉えられるようになる

バリエーション

「やらないほうがいいこと」をテーマとすることもできる

注意

実践に移すのに障害がありそうな研修（部下育成やコーチングなど）にとくにお勧め。はじめはうまくいかないかもしれない不安があるため、実践に移すことにどんな意味があるかというのを考えてもらうことで、不安を払拭することができる

引用する

　ここから紹介していくのは、クロージングの最後に「メッセージ性のあること」を伝えるためのアクティビティです。研修の最後、締めのアクティビティとして、研修で伝えたかった大切なメッセージを象徴するような言葉を紹介し、印象づけます。

　講師自身の言葉を伝えるのもいいですが、その分野の専門家や著名人の言葉を「引用」することで、内容の信頼性を高めることができます。

目的

研修の中で扱った内容の重要な点を印象づける

対象テーマ

どのようなテーマでも可能

対象人数

何人でも可能

時間

2分程度

準備するもの

引用する言葉

プロセス

1. 研修の最後の言葉は印象に残るので、研修の内容を後押しするような言葉を紹介する

...

インストラクション例

　では最後に、ある人の言葉をご紹介します。「ハフィントンポスト」ってご存知ですか？　その創業者のアリアナ・ハフィントン氏の講演を聞いたことがあるのですが、その時に彼女がおっしゃっていたことのひとつです。

　「リーダーとして成功するためにもっとも大切なことは、自分自身が健やか（well-being）であること」

　リーダーシップを発揮して成果を出していくために、まずは自分自身が健やかであることが大切だ、とおっしゃっていたのが印象的でした。
　今日はいろいろなことをご紹介してきましたが、最後にこの言葉をお伝えして終了にします。本日はありがとうございました。

メリット

- 講師の個人的なメッセージではなく、著名人のものなので説得力が増す
- メッセージ性のある言葉の引用で記憶に残りやすい
- 伝えるという方法なので、人数が多い時や短時間の研修でも活用しやすい

バリエーション

- 例①：リーダーシップ研修（リーダーシップ開発の第一人者ジャック・ゼンガー氏のセミナーから）

「リーダーがもっともしてはいけないことは、『お手本にならないこと』だそうです。どんなに素晴らしいことを話していても、有言実行してお手本を示すことができなければ、意味がない、と。皆さんも今日の研修での学びを活かし、言葉だけではなく実践して、部下にとって最高のお手本になってあげ

てください。」

● 例② : トレーナー養成研修（ボブ・パイクの言葉）

「研修はイベントではなくプロセスである。これは今日くり返しご紹介したボ
ブ・パイクの言葉です。今日の学びを活かして、今後は、研修内容だけでは
なく、研修前後の上司の巻き込みや、研修前後に参加者にどんな課題や実践
をしてもらうかまでを考えた、包括的なプロセスとして研修をデザインして
いきましょう。」

注意

出典などを知りたがる参加者がいる可能性もあるため、質問されたら答えられ
るように準備しておく

オープニングに戻る

　くり返しになりますが、最初と最後は記憶に残りやすいので、オープニングとクロージングはとくに重要なポイントです。

　ここで紹介するのは、「オープニングのストーリーの後半をクロージングで話す」アクティビティです。重要なオープニングとクロージングを関連づけられれば、さらにインパクトを高めることができるでしょう。

目的
研修の中で扱った内容の重要な点を印象づける

対象テーマ
どのようなテーマでも可能

対象人数
何人でも可能

時間
2分程度

準備するもの
オープニングと関連したコンテンツ

プロセス
1. オープニングの際、その日の研修内容を象徴するような経験談や事例、エピソードなどを紹介し、研修内容に興味をもってもらい、研修内容のイメージの共有を行う
2. クロージングでは、オープニングで話した事例の後日談や、話していなかっ

たストーリーの後半部分を話す

インストラクション例

実は冒頭で話したAさんの事例には後日談がありまして……。

メリット

大事なメッセージが最初と最後に入ることで、記憶に残りやすく、伝わりやすい

バリエーション

コンテンツを変えることで、さまざまな研修で応用が可能

《例：新任管理職研修にて》

（オープニングで語るストーリー）

　はじめて部下をもったAさんは、プレーヤーとしてはいつも優秀な成績をおさめる人でした。Aさん自身も、直接お客さまと関わりながら成果を出すことが大好きで、正直なところ部下を育成する時間があったら、少しでも実績を伸ばすことに時間を使いたいと考えていました。そのため、研修開始時は厳しい表情でした。

　ですが、研修が進むうちに、だんだん柔らかい表情になり、時には笑顔も見られました。開始時からずっと気になっていたので、休み時間に話しかけてみました。すると、「研修を通して自分の役割が変わったことが認識でき、管理職になったからにはその責任を果たさなければいけない、と思い、前向きになれたどころか、むしろいろいろ楽しみになりました」。このようにおっしゃっていました。

皆さんにとっても、今日はAさんのように新たな役割が認識でき、楽しみになるような、充実した1日となるようにしていきたいと考えています。

（クロージングで語るストーリー）

　冒頭でお話ししたAさんですが、実は後日談があります。研修のあと、部下の育成に真剣に取り組み始めてくださったのですが、おかげで部下の皆さんがメキメキ成長し、Aさんが率いるチームは、過去最高の成績を残すことができました。

　後日Aさんからメールをいただきました。

「自分1人では達成できないような成果を、チームとして出すことができました。これこそまさに部下育成の醍醐味だと感じています」──こういった趣旨のことが書かれていて、私も大変嬉しく思ったことを覚えています。

　皆さんも、今日の学びを活かして、部下の育成、チームビルディングを成功させ、1人ではできないような大きな達成感を味わってくだされればと願っています。

注意

オープニングのストーリーと、クロージングのストーリーは何度もリハーサルをして、メモを見ずにすらすらと、かつ感情を込めて話せるように準備しておく

考えを促す問いかけ

　ここでは、研修の最後に問いかけをして、答えを考えてもらいながら終了するアクティビティを紹介します。研修はイベントではなくプロセスです。インパクトのある問いかけをすることで、参加者は研修会場を後にする際に、今後のことに思いをめぐらせることになるでしょう。それが、記憶に定着し、実践へとつながる――そんな狙いをもって活用してみてはいかがでしょうか。

目的

研修の中で扱った内容の重要な点を印象づける

対象テーマ

どのようなテーマでも可能

対象人数

何人でも可能

時間

２分程度

準備するもの

とくになし

プロセス

1. 最後の言葉は印象に残るので、研修の内容の実践を後押しするような問いかけをし、行動を促す

インストラクション例

《営業職・販売職の部下育成研修の場合》

　皆さんには、リピーターのお客さまはいらっしゃいますか？

「あなたがいるから、これを（ここで）買う」と言ってくださるリピーターのお客さまは、とてもありがたい存在ですよね。

　では、皆さんには、「リピーターになってくれそうな部下」はいますか？

「○○さんがいるから、私はこの会社・チームで働きたい」と言ってくれる部下です。皆さんにはこれからはそんな「リピーターの部下」をたくさん育てていただきたいと思います。

メリット

● 実践や成功をイメージしながら終了することで、実践を後押しできる

● 成功をイメージすることでイメージトレーニングにもなる

注意

「クロージング9」同様、しっかりとリハーサルをして、スムーズに話せるようにしておく

2-3

リビジット

効果的なリビジットの進め方

　学んだことを忘れてしまっては、せっかくの研修が無駄になってしまいます。**学びを実践してもらうためには、少なくとも主要なポイントを覚えている必要があります。**

　人の記憶には、一時的に保管されているだけの**「短期記憶」**と、長期的に保管されている**「長期記憶」**があります。受け取った情報はいったん短期記憶に保管されますが、短期記憶は時間の経過とともに忘れられてしまうか、もしくは長期記憶へ移行されるかどちらかの運命をたどります。

　エビングハウスの忘却曲線によると、1回だけ聞いた情報のうち90％以上が30日以内に忘れられ、さらにそのうち大半は学習後数時間で忘れられていくといいます。「ついさっき聞いた内容なのに、もう思い出せない」ということは、残念ながら誰にでもよくあることです。
　研修に限らず「忘れてしまう」ということは、短期記憶に一時保存されただけの情報にとっては避けて通れないことなのです。

　学んだことを短期記憶から長期記憶へ定着させるためのカギのひとつが、**20分という単位でのリビジット**です。記憶を保持しながら聞くことができるのは20分ですので、**20分ごとにそこまでの内容をリフレクションし、重要な点を参加者が能動的に振り返ること**（リビジット）が大切なのです。

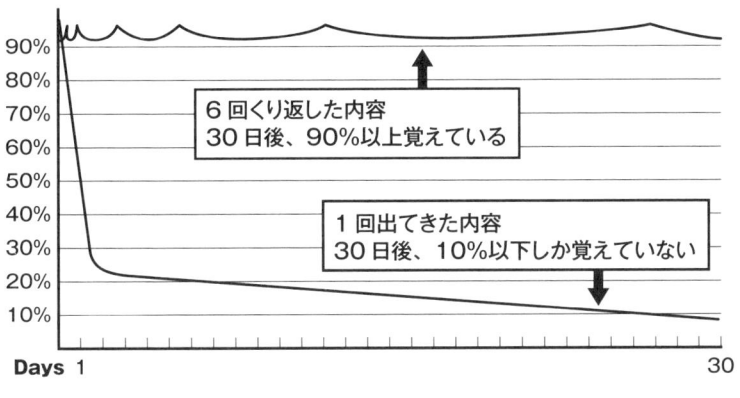

エビングハウスの忘却曲線

　研修はイベントではなくプロセスであり、研修終了時が学びの終点ではありません。研修後30日以内に6回のリビジットを行うようなデザインにしておき、長期記憶への定着や職場で実践に移すことをサポートします。

　以下では、「20分ごとに行うリビジット」に加えて、研修終了後の実践に結びつけるために学びを振り返ったり、アクションプランを立てたりすることができるようなリビジットの方法を紹介していきます。

カードクイズ

　研修で使われることの多い「問題」（「クイズ」）。講師がつくることが多いかもしれませんが、これを参加者につくってもらうアクティビティです。参加者自身に「クイズ」をつくってもらうことで、くり返しリビジットできるようになります。長期記憶への移行を助けるという目的にかなった効果的な方法です。

　研修が2日、3日など複数日数の場合、2日目・3日目にそこまでの内容を振り返ってもらうという活用法がとくにお勧めです。

目的
研修内容を振り返ってもらう

対象テーマ
どのようなテーマでも可能

対象人数
何人でも可能

時間
5〜10分

準備するもの
名刺サイズのカード：1人数枚×人数分

《カード例》

オープニングの
「6つのカギ」は
何ですか?

クロージングの
「3つのカギ」は
何ですか?

90/20/___
↑
ここに入る数字は?

使ってみようと思う
エナジャイザーを
1つ挙げてください

学習の法則の
5番を説明して
ください

参加者に選択肢を
提供すると良いのは
なぜですか?

プロセス

1. 各参加者にカードを数枚配る
2. 参加者はクイズを作成して1枚に1つずつ書く

   ＊ここまでの研修内容を理解していたら答えられるクイズを考えてもらう
   （正しいか間違いかを考えるクイズだったり、空欄を埋めるタイプのクイ
   ズだったり、正しい組み合わせを考えるクイズだったり、形式は問わない）
3. 参加者が書いたクイズを集めて同じものがあれば省く
4. カードをシャッフルして各チームに配る

   ＊ほかにも、講師が質問を読み上げて参加者全員で答えを考えるという方法
   もある
5. 各チームで配られたカードに対する答えを考えてもらう
6. そのカードをさらにチーム間でローテーションし、全員がすべてのカードに
   対する答えを考えるようにする
7. 答えがわからなかったものなどを確認したり、解説したりする

 **インストラクション例**

　ではこれから、研修内容についてのクイズをつくって、それをこち
らのカードに書いていただきます。Aチームはトピック1、Bチームは
トピック2……について、「研修内容をきちんと理解していれば答えら
れるはずのクイズ」を考えて、カードの表面にご記入ください。

　クイズの形式は、正しいか間違いかを考えるクイズでも、空欄を埋
めるタイプのクイズでも、正しい組み合わせを考えるクイズでも、何
でも構いません。

（書いたあとに）

　各チームで、クイズに重複がないかを確認していただけますか？
　確認後、こちらで回収します。

（回収してシャッフルし、チームに再配布する）

　受け取ったカードに書かれているクイズをチームで考え、答えを裏に記入してください。

（クイズに解答したあと）

　では答えを確認していきましょう！

メリット

- 講師が自分でクイズをつくる場合、参加者は1回（解答するとき）しかリビジットできないが、参加者自身がクイズをつくることで、3回（テキストを見直す、クイズをつくる、クイズに答える）のリビジットが可能になる
- 研修内容の振り返りを何度も行って長期記憶にしっかりと定着させることができる
- カードを使うことで研修に動きが出るので、エナジャイザーとしての効果もある

バリエーション

講師が出題して、「早押し」で解答権を競ってもらい、チーム対抗で点数を競うなど、ゲーム的な要素を加えて実施することもできる

注意

- 研修のテキストを見ながらクイズをつくっても良い（そのほうが質の高い出題ができる）
- 1〜2枚サンプルのカードをつくっておくと、求められていることがイメージしやすい

同じ形の友だち

「リビジット１」同様、クイズによって理解を確認していきます。ただし、単に出題されたクイズに解答するだけではなく、そこに動きを伴うように工夫したアクティビティを紹介します。

　デザインを少し工夫することで、全員が参加し、主体的に学習内容を振り返ることができるようになることが期待できます。また、動きが伴うことで、脳の活性化にも役立つといったメリットもあります。

　リビジットやエナジャイザーとしてぜひ活用してください。

目的
学んだ内容を正しく理解できているかをクイズによって確認する

対象テーマ
どのようなテーマでも可能

対象人数
20〜30人程度

時間
5〜10分

＊クイズの出題数によって調整可能

準備するもの
さまざまな形の色とりどりのキューブ：人数分以上

プロセス

1. さまざまな形の色とりどりのキューブを部屋の後方にたくさん置く
2. スライドにリビジットのためのクイズを投影する（クイズは選択式のものにする）。クイズの選択肢を、A、B、C や1、2、3などにする代わりに、「赤いハート」「緑の星」などというキューブの色・形にする

3. 参加者は出題されたクイズについて答えを考え、後ろのテーブルに行って答えだと思うキューブを手に取る

4. 同じ種類のキューブを取った人と集合し、なぜそれが答えだと思うかを話し合う

5. 正解を発表し、必要に応じて解説を行う

6. このプロセスをくり返して用意したクイズをすべて行う

インストラクション例

　この問題の選択肢は、こちらの3つです。後ろのテーブルに行って、答えが「ハート」だと思う人は「ハートのキューブ」を、答えが「星」だと思う人は「星のキューブ」を、答えが「丸」だと思う人は「丸のキューブ」を取ってください。

　そして、同じキューブを取った人で集まって、なぜそれが正しいと思ったかを共有しましょう。では始めましょう。

メリット

● 全員を巻き込んだ振り返りができる

● 動きがあるので、エナジャイザーにもなる

● ゲーム的な楽しさがあるので、間違えても恥をかかない（安心して間違えられる）

● 変化があって楽しみながら、記憶に定着させるサポートになる

バリエーション

下記のようなプロセスで行うことで参加者同士の自己紹介やネットワーキングとしても活用できる

　1. リビジットの質問を出す代わりに、お互いを知ることができるような問

いを出す（例：経験年数が１年以下の人は「オレンジの四角」、１〜３年の人は「赤いハート」、４〜５年の人は「青い星」／○○業界の人は「赤いハート」、××業界の人は「青い星」など）

2．同じものを取った人で３分ほど話す

3．３分ほど話したあと、次のトピックを出し、またキューブを取りなおして、同じものを選んだ人で話をしてもらう

注意

キューブは、形、色のバリエーションがあればどういったものでも構わない（入手しやすいもので代用可）

三角レビュー

「クイズを作成し、レビューし、解答する」というプロセスを通して、ここまでの研修内容を振り返り、理解を確実にするためのアクティビティです。やや長めのアクティビティなので、ある程度まとまった単元の振り返りとして活用するのがお勧めです。

目的
重要な内容を何度もリビジットすることで、理解を確実にし、長期記憶に定着させるサポートをする

対象テーマ
どのようなテーマでも可能

対象人数
20〜30人程度
＊5〜6人のチームで3チーム以上

時間
30分程度
＊クイズ作成10分、検証10分、解答・答え合わせ10分

準備するもの
● フリップチャート：各チーム1枚
● 太いペン：1人1本以上

プロセス
1. 各チームで、研修内容の理解を確認するためのクイズを10問つくる（テキストは見て構わない）

＊このとき、単元ごとに担当チームを決めるなどして分担すると良い

2. 10問つくり終えたら、隣のチームに移動し、隣のチームが作成した10問について、クイズの質を検証する。良質のクイズ8問だけを残して、2問は削除する（削除するのは、答えが明確ではないものや、質問の意図がわからないもの、ニッチすぎるもの、そんなに重要ではないものなど）

3. クイズの検証を終えたら、さらに隣のチームに移動し、8問に絞られたクイズに解答する

4. 解答を終えたら、元の自分のチームに戻り、記入された解答が正しいかどうか、答え合わせを行う

5. 違っていたり疑問があったりしたら全体で確認をする

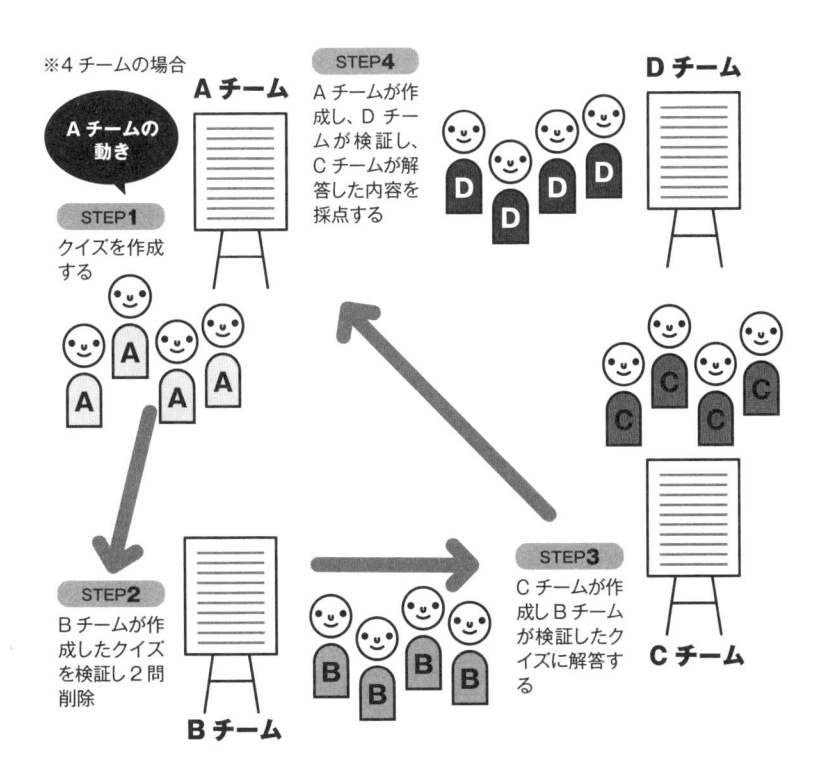

インストラクション例

　各チームで、これまでの学習内容に関するクイズを10問つくっていただきます。今日の研修に参加したら答えられるであろうクイズを作成してください。

（クイズを作成し終えたら）

　Aチームの人は隣のBチームに、BチームはCチームにというように隣のチームに移動してください。そして、移動した先のチームがつくったクイズの質を検証します。「こんなにニッチなことを出題しなくていいよ」とか、「この問題は明確な答えを導き出せないからダメなんじゃないか」などというものを見つけて、10個のうち、2つ削除していただけますか。

（10→8問にしたら）

　さらに隣のチームに移動してください。そして、そこに出題されている8問の答えを考えて書きましょう

（自分のチームに戻って）

　では元の自分のチームに戻りましょう。そこに書かれている内容の答え合わせをしてください。いかがでしたか？　皆さん満点でしたか？

メリット

- ●講師はほとんど動かないにも関わらず、参加者自身で出題する時、質を検証する時、答えを考える時とくり返して振り返ることができる
- ●全員が参加できるので主体性が高まる
- ●動きがあるので、エナジャイザーの効果もある

バリエーション

- チームごとに分野やトピック、ページなどを分担してクイズをつくることもできる
- 4チーム以上ある場合は、各チーム次のように動く

> Aチームの動き：A（クイズ作成）→B（検証）→C（解答）
>
> Bチームの動き：B（クイズ作成）→C（検証）→D（解答）
>
> Cチームの動き：C（クイズ作成）→D（検証）→A（解答）
>
> Dチームの動き：D（クイズ作成）→A（検証）→B（解答）

注意

- 段階的にインストラクションを示す（複雑なので、最初に全体像は示さない）
- クイズの例を1～2問用意しておくとイメージが伝わりやすい

フリップチャート・レビュー

　学んだ内容を参加者主体でリビジットするアクティビティです。大切なポイントを講師がくり返すのではなく、参加者自身に思い出したり、書き出したり、話してもらったりしてもらいます。参加者自身が自分の言葉でポイントをまとめることで記憶に定着するとともに、自分のこととして捉えられるようになるため、次のアクションへと移しやすくなります。

目的

参加者が、学習内容を思い出し、大事なポイントを自分たちの言葉でまとめることで、楽しみながら記憶の定着をサポートし、次のアクションへとつなげる

対象テーマ

どのようなテーマでも可能

対象人数

20名くらいまで

＊ペアか少人数のチームに分かれて行う

時間

12〜15分

準備するもの

● フリップチャート：トピックごとに1枚
● 太いペン：1人1本以上

　＊壁に貼られているフリップチャートを見て回るだけのスペースが必要

《フリップチャート例》

| 学習の法則 | 学習に有効な
時間配分 | 研修の構成 |

プロセス

1. 間隔を空けてフリップチャートを壁に貼る
2. 各フリップチャートに、研修の内容の主なトピックをタイトルとして書いておく
3. それぞれのフリップチャートに書かれたタイトルに関して、ペア（チーム）で部屋を回りながら、学んだことや気づきなどをフリップチャートに書いてもらう

   *同じことをくり返さず、まだ書かれていない内容を書き出してもらうようにする
4. 一通り書き出し終えたら、次に、書かれた内容について、図式化できるものを図式化したり、絵などを加えたりしていく
5. 一通り書き出し終えたら、今度は自分たちのアクションプランとして持ち帰りたいものを書き写しながら、歩いてもらう。このとき、フリップチャートに書かれた内容で理解できないことや質問があることに印をつけてもらう
6. 一通り回り終えたら、印がついたものについて書いた人が説明を加えていく

 **インストラクション例**

　ではこれから、ペアで部屋の中に貼られているフリップチャートに、今日の学びをまとめて書き出していくアクティビティを行います。

　主なトピックをタイトルとして書いたフリップチャートを部屋中に貼ってあります。ペンを持って、ペアでそれぞれのフリップチャートのところに行き、学びや気づき、大切だと思った内容を書き出していきましょう。ほかの人が書いたことはくり返さず、新しい内容をどんどん書き加えてください。時間は8分です。8分で1周できるようペース配分をお願いします。

　（途中で）

　かなり多くの内容を書き出していただきました。ありがとうございます。

　もし、図式化できたり、イラストで表現できたりする内容があったら、空きスペースに図やイラストを描いていただけますか？

　（8分後）

　ありがとうございます。

　次に、今皆さんが書いてくれた内容を確認しながら、自分自身のアクションプランに落とし込む時間をとります。全員メモを持って、自分自身のアクションプランにしたいことを書き写しながら、部屋を1周しましょう。

　その際、書かれた内容について質問があったり、説明してもらいたい点があったりしたら、大きく「〇」印をつけておいてください。1周する時間は5分です。

　（5分後）

　ありがとうございます。では「〇」印がついた箇所を確認していき

> ましょう。

1 オープニング

2 クロージング

3 リビジット

4 エナジャイザー

5 その他

メリット

- 自分たちの言葉で整理できるので、記憶に残りやすい
- 講師からの押しつけにならない

バリエーション

人数が多いときは、5〜10人のチームに分かれてこのアクティビティを行うことができる（フリップチャートを壁に貼るスペースがなければ、A4の紙に書き出すようにするなど、工夫して行う）

注意

- 読みやすく大きく書いてもらうよう促す
- 一ヶ所に固まらないよう、全体を俯瞰して振り返ることを推奨する

運命のサイコロ

　　続いて紹介するのは、アクションプランや成果の共有を効果的に進めるアクティビティです。

　　研修の日数が2〜3日間など複数日にわたる場合、2日目あるいは3日目に、そこまでの学びからのアクションプランを共有してもらうといいでしょう。もしくは間隔を空けて研修を実践している場合、初日の学びから実践したこととその成果を共有してもらうこともできます。

目的

● 学習内容について振り返る

● 遊び心を加えることで、記憶に定着しやすくする

対象テーマ

どのようなテーマでも可能

対象人数

何人でも可能

＊5〜6人のチームに分かれて行う

時間

10分程度（調整可能）

準備するもの

● サイコロ：各チームに1つ

● 「リビジットしてもらいたい内容」を6つ書き出したフリップチャート、ホワイトボード（投影資料でも可）

プロセス

1. リビジットしてもらうテーマやトピックを6つ、1～6の番号をつけてフリップチャートやホワイトボードに書き出す（投影資料でも可）

   ＊6つのトピックは研修の内容の主なトピックであれば何でも構わない

2. チームで1人がサイコロを振り、出た目の番号のトピックについてサイコロを振った人が共有する

   ＊共有するのは、学んだ内容の振り返りでも、実践したことでも構わない

3. 1人目が終わったら2人目がサイコロを振り、出た目の番号のトピックについて共有する

4. タイマーをセットして、時間内で順番に「サイコロを振る→共有する」をくり返す

インストラクション例

　皆さんのテーブルにあるのは運命のサイコロです。

　これから1人ずつサイコロを振っていただき、出た目にアサインされているトピックについて話していただきます。話す内容は、「そのトピックについて重要だと思ったこと」、もしくは、「そのトピックについて何をどう実践しようと思っているか」でも構いません。

　チーム内で1人ずつサイコロを振って、話しましょう。

メリット

● 時間調整がしやすい

● ひねりがあるから、楽しみながらリビジットを行える

バリエーション

話してもらう内容を変えることで、さまざまな場面に対応できる

（例：「○○について大事な点をまとめる」「○○について自分が何を学んで何を
やろうと思っているか」「（間隔を空けて研修を行う場面）○○について何
を実践したか」など）

注意
- 同じサイコロの目が出ることもよくあるが、その場合、同じトピックで話し
ても良いし、サイコロを再度振っても構わない
- 細かな運用はリーダーやチームの判断に任せる

パワー・フレーズ

　研修中、「なるほど！」「これは良い！」「覚えておこう！」などと感じた「名言（パワー・フレーズ）」を一ヶ所に書き出しておいて、あとで振り返ったり記憶したりできるようにするアクティビティです。

　ある時点で「パワー・フレーズ」をまとめて全部思い出そうとしてもなかなか難しいので、研修を通して記録できるように工夫するといいでしょう。

目的

「パワー・フレーズ」を書き出すしくみをつくることで、講師の話や、参加者の発言を聞き逃さないように促し、長期記憶への移行を助ける

対象テーマ

どのようなテーマでも可能

＊コミュニケーション、営業、接客、販売などのテーマでとくに有効

対象人数

何人でも可能

＊個人でもペアでもグループでも可能

時間

10分

＊もっと短くすることもできる

準備するもの

- ●「パワー・フレーズ」を貼るポスター
- ●付箋
  - ＊壁にポスターを貼るスペースが必要

《ポスター例》

プロセス

1. 研修の早い段階で、研修中「これは良いな」「覚えておきたい」と思った言葉を付箋にメモしてもらうように依頼する
   ＊講師が言った言葉でも、ほかの参加者が話した言葉でも構わない
2. 「良いな」と思った言葉を付箋に記録し、それを「パワー・フレーズ」を貼るためのポスターに貼り出していく
3. 研修の後半もしくは終わりに近づいた時、ポスターに貼られた言葉を全員でレビューし、意味や意義などを再確認する
   ＊最後に全員で書かれた内容を確認したり写真を撮ったりするだけでも可

インストラクション例

　これは（ポスターを指しながら）、研修中に講師やほかの参加者が話したことで「それ、良いね！」という言葉を書いて貼っておくポスターです。研修の最後までずっとここに貼っておきます。「良いな！」と思う言葉があったら休み時間などに付箋に書いておいて、ポスターに

> 貼りましょう。

メリット

- 「覚えておきたい」「良いな」と思ったことを書くことで記憶に残る
- ポスターに貼って共有することで、ほかの参加者の記憶にも残る
- 講師や参加者の発言を肯定し、賞賛し合うことになるため、ポジティブな雰囲気をつくり出せる

バリエーション

- 各チームで、「パワー・フレーズ」を記録する担当者を決め、その人が責任をもってメンバーの発言の中で「良いな」と思った言葉を記録してもらうこともできる
- 写真を撮っておき研修後に参加者に送付することも可能

注意

研修が進む中で、書き出すことを忘れがちになるので、折に触れて「パワー・フレーズを書きましょう」とリマインドする

「62文字」にまとめる

　理解したことを自分の言葉に置き換え、まとめ、表現することで、学んだ内容の整理を促すアクティビティです。ここでも、単に「まとめる」だけではなくて、ひとひねりすることでより楽しみながら記憶に残りやすくなります。「習得はいかに楽しく学ぶかに比例する」――学習の法則を実践できるよう、楽しめる工夫をしてみましょう。

目的

自分の言葉で重要な点をまとめることで学んだ内容の整理を促す

対象テーマ

どのようなテーマでも可能

対象人数

何人でも可能

＊5～6人のチームに分かれて行う

時間

10分＋共有の時間

準備するもの

ホワイトボード：各チームに1台

プロセス

1. 次のようなインストラクションを行う

　「各チームで、今日の研修の要点を62文字の文章にまとめてもらいます。制限時間は10分ちょうどです。」

2. タイマーをセットし、10分間取り組んでもらう

3. 10分間経ったら各チームが書いた文章を全体で共有する

インストラクション例

　今日の研修の要点を今からチームで文章にまとめていただきます。今日の研修で学んだことや大事だと思ったことを各チームで話し合って「62文字」の文章にまとめてください。「62文字」ちょうどです。制限時間は10分ちょうどです。

メリット
- リビジットできる
- 大事なポイントを自分の言葉でまとめるので、記憶に残る
- 単にまとめるよりも、制限を課すことで楽しめる要素が増える。それによって、記憶に残りやすくなる

バリエーション
- 「62」に意味はないので、文字数を増減しても可
- 研修に出てきたキーワードなど、必ず含める単語を数個、指定しても良い

注意
- 「なぜ62文字なのか」と質問されたら、「短すぎず、長すぎず、でも中途半端な文字数のほうが楽しいから、というだけでそれ以上の深い意味はない」ことを伝える
- 漢字でもひらがなでもカタカナでもアルファベットでも構わないが、最初からそれは伝えず、参加者が気づけばOKというなりゆきにしたほうが楽しめる

50音レビュー

　学んだ内容を思い出し、自分たちの言葉で表現してもらうアクティビティです。「自由にまとめる」のではなく、指定された50音の文字を使うという条件をつけることで、ゲーム的に楽しんでもらいます。「リビジット７：62文字にまとめる」同様、楽しめる要素を加えることで、より効果的なリビジットになるでしょう。

目的

楽しみながら研修内容を振り返る

対象テーマ

どのようなテーマでも可能

対象人数

何人でも可能

＊５〜６人のチームに分かれて行う

時間

8〜10分

準備するもの

● フリップチャート（あらかじめ50音を書いておくか、各チームで書いてもらう）：各チーム１枚
● 太いペン：1人1本以上

《フリップチャート例》

あいうえお

かきくけこ

さしすせそ

たちつてと

なにぬねの

プロセス

1. 各チームで書記を決める
2. 各チームに1枚フリップチャートを配る
3. フリップチャートに50音を書いてもらう
4. 各チームで、その文字で始まる言葉で研修の内容のまとめになるようなことを書き出してもらう
5. 全体で共有する

インストラクション例

　今日の研修で学んだことで大事なポイントを、この文字で始まる言葉で書いていきましょう。この文字で始まる言葉が難しければ、途中

に入っても構いません。

　この文字で始まる、もしくはこの文字が入っている言葉で今日の研修内容の重要点をここに書き出し、完成させるというのがタスクです。

　ただし、これは競争ではありませんので、落ち着いて考えましょう。

メリット

- ●「重要な点を思い出して書き出す」というアクティビティに、「50音」を指定するという変化が加わることで、工夫が必要になり、楽しめる
- ●学んだ内容をそのままではなく、自分の言葉で表現しなおす必要性も出てくるため、記憶への定着をサポートできる

バリエーション

「あ〜ん」すべてだと多すぎるので、「あ行」「か行」はAチーム、「さ行」「た行」はBチームのように分担しても良い

注意

あまり厳密に考えず、ゲーム感覚で楽しく取り組んでもらえるよう、楽しい雰囲気でアクティビティを説明しよう

優先順位シール

　今後のアクションにつなげるために書き出したアイデアリストに優先順位をつけるアクティビティです。さまざまなことを学ぶ中でアクションアイデアが増えることはいいことですが、いきなりすべてを実践することは難しいものです。そこで、実践しようと思うことに優先順位をつけ、シールを貼ることで視覚的に明確にしていきます。

目的

● 個人および全体の今後のアクションプランを作成する

● いきなりすべてに取り組もうとすると実践できなくなるため、「何から手をつけるか」を明確にする

対象テーマ

どのようなテーマでも可能

対象人数

何人でも可能

時間

12〜15分

準備するもの

● フリップチャート：各チーム1枚

● 太いペン：1人1本以上

● いろいろな色のシール：5色　各色1人5枚程度

● 付箋：各チーム30枚程度

＊前提として、研修の最初の段階から、折に触れて学んだことのうち、実践したいと思うこと（「アクションアイデア」）を各自、書いてもらうようにする

*ワークブックに、アクションアイデアを書くページを設けることをお勧めする

プロセス

1. 研修の最初から節目ごとに振り返りをして、今後実践しようと思うことを書き出しておいてもらう
2. 5色のシールを各参加者に配る
3. チームでどの色が何を表すかを決めてもらう（例：赤が優先順位が1番高く、緑が2番目など）
4. チームのメンバーが各自で書いたアクションアイデアの中から、1人ひとりが大事だと思うもの5つを選んで付箋に書き、フリップチャートに貼り出す
5. 各チームで、各自が考えた順位に従って、貼り出されたアクションアイデアに投票をしていく

インストラクション例

　ここで、これまでに書いたアクションアイデアに優先順位をつけて整理しましょう。

　まず、皆さんが個人で書いたアクションアイデアに、優先度に応じてシールを貼っていただきます。各チームに5色のシールをお配りしました。どの色がもっとも優先順位が高いか、2番はどれか、などチームで決めてください。そしてその優先度に従ってそれぞれの項目にシールを貼っていきましょう。

（シールを貼り終わったら）
　シールを貼って整理した項目について、優先順位が高い、より重要だと思う項目を5つ選んでください。そしてその5つを、付箋1枚に1つずつ書きます。

（5枚書いたら）

　では、書いた付箋をチーム内でフリップチャートに全部貼り出し、同じものがあればまとめるなどして、整理してみましょう。

（整理したら）

　次に、今貼り出されている付箋に、投票で優先順位をつけていただきます。より重要だと思うもの2つを選んでそれぞれ投票をお願いします。そのあとで、チームとしてのトップ5を選んでいただきます。

メリット

- 優先順位が明確になる
- 自分たちが決めたものなので押しつけられた感覚がなくなる
- チームで決める作業をするため、連帯責任が生まれ、1人でアクションプランを考える時よりも、いっそう「やらなければいけない」という気持ちがわきやすい

バリエーション

- 時間が限られる場合などは、チームで行うのではなく、個人で振り返り、優先順位を決めることもできる
- クロージングとして、全体を振り返ってこれを行うことでアクションアイデアに優先順位づけをすることもできる（例：優先順位の高い5つを選んでそれぞれの参加者が個人のアクションプランとして持ち帰ったりすることもできる）

注意

シールの用意が難しい場合は、代わりにカラーマーカーで印をつけるなどの方法を用いても可

「トップ10リスト」をつくろう

　研修を行う中で、「あれもこれも実践しよう」と意欲を高めてくれる参加者が多いものです。講師としては嬉しいことですが、優先順位をつけて焦点を絞らないと、実践は難しいというのは先ほどもお伝えした通り。リビジットの最後に、研修後のアクションプランに優先順位をつけるためのアクティビティをもうひとつ紹介します。

目的

優先順位をつけることで学んだ内容を整理する

対象テーマ

どのようなテーマでも可能

対象人数

20〜30人程度

時間

10〜15分

準備するもの

- 付箋：1人10枚程度
- フリップチャート：各チーム1枚
- 太いペン：1人1本以上

プロセス

1. お題を提示する

　（例）

　　・「研修での学びをもとに実践しようと考えていること」

・「研修での学びを実践したら、大きな成果が得られそうだと思うこと」

・「これは素晴らしい気づきだと感じたこと」

・「これはとても良い学びだから、誰かと共有したいと思うこと」

2. まず、お題に関して個人で思いついたアイデアをすべて書き出し、それをチームで共有する

3. 多くのアイデアを出し終えたら、次にトップ10に絞ってもらう

4. 各チームのトップ10を全体で共有する

インストラクション例

　ではこれから「トップ10リスト」を各チームでつくってもらいます。
　考えていただくのは、「これはとても良い学びだから、誰かと共有したい！」と思うことの「トップ10」です。「自分だけでこっそり実践するのはもったいないので、これはぜひ誰かと共有したい」と思うことを、まず1人ひとりがどんどん出していきましょう。
　その後、各チームで共有し、「トップ10」に絞っていただきます。

メリット

重要なことのリビジットやアクションアイデアを絞るというアクティビティだが「ほかの人に共有したい」という視点を加えることで変化をつけることができる

バリエーション

時間に余裕がある場合、各チームでまとめたあと、発表したり、ギャラリーウォークを行ったりすることで、参加者全員で共有してもいい

かけられる時間によっては「トップ10」ではなく、「トップ5」にするなど数を調整する

2-4

エナジャイザー

効果的なエナジャイザーの進め方

　エナジャイザーとは、脳を活性化させるアクティビティのことです。
　脳は体積としては体の３％程度ですが、血液中の酸素の約20％を消費すると言われています。研修中は常に脳が活性化された状態で学習に集中してほしいものですが、時間帯やペース、内容によって眠くなってしまうのは、人間である以上仕方のないことです。
　エナジャイザーを活用して、参加者にリフレッシュしてもらいましょう。

　オープニングやクロージング、リビジットは、研修内容に関連があることが大切なポイントですが、**エナジャイザーは研修内容とまったく無関係のものでも問題ありません**。「柔軟体操を１分間行う」というシンプルなものでもいいのです。
　ですが、せっかく研修中の時間を使うのであれば、もっと楽しめたり、かつ参加者同士の交流ができたりすると、時間の有効活用になります。

　以下では、頭を使うエナジャイザー（メンタルのエナジャイザー）と、体を動かすエナジャイザー（フィジカルのエナジャイザー）の両方を紹介していきます。
　フィジカルのエナジャイザーはスペースが必要になるので、物理的な環境や参加者の状況に合わせて工夫して使用することをお勧めします。

そこでストップ!

　エナジャイザーは、研修の内容に関係なく、どういったものでも構わないのですが、チームビルディングや研修の内容の振り返りにも役立つものだと、さらに効果的です。このエナジャイザーは、参加者同士がお互いを知り合ったり、研修の内容をリビジットしたりしながら、体を動かしてもらうアクティビティです。

目的

体を動かすことで脳を活性化させる

対象テーマ

どのようなテーマでも可能

対象人数

何人でも可能

時間

5分程度

準備するもの

とくになし

＊参加者が動き回れるスペースが必要

プロセス

1. 参加者全員に「1番」「2番」「1番」「2番」と割り当てて全体を2つのチームに分ける
2. 「1番」の人が1列になり、「2番」の人も1列になり、お互いが見えるように並ぶ

3. 参加者全員で、順番に「あ、い、う、え、お……」と大きな声で50音を言う

4. 適当なところで、講師が「ストップ！」と言う

5. 「1番」の人は「2番」のチームの誰か1人と組んでペアになってもらう

6. 「ストップ！」と言われた直前の文字で始まる言葉を使いながら、そのペアで自己紹介をしたり、研修の内容についてリビジットしたりする（例：「お」で止まったら、「私は沖縄が大好きです」などという会話をする）

7. これを何度かくり返し、違う文字のところで「ストップ！」と言う

8. 文字が変わるたびに違う人とパートナーになってもらい、自己紹介やリビジットを行う、というのをくり返す

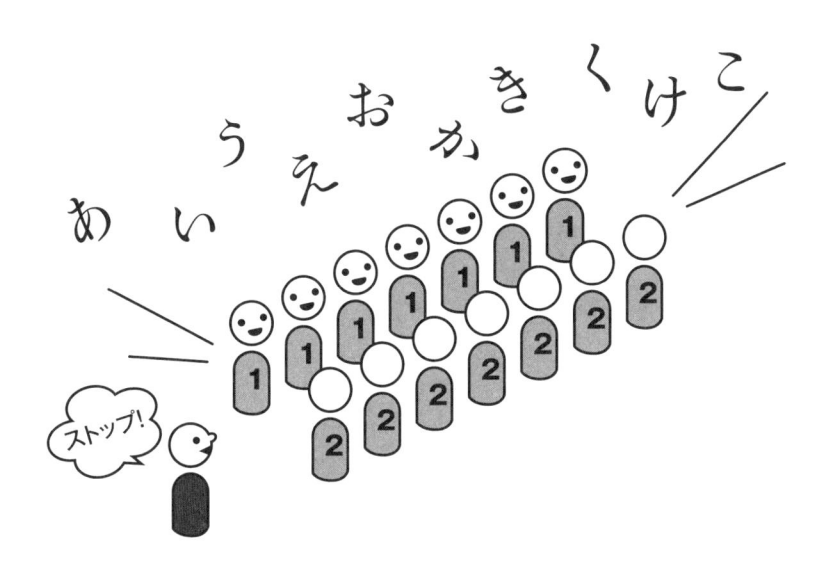

インストラクション例

　では皆さん、2列になりましょう。隣の人とは1mくらい離れます。そして、2列になったら、隣の人とお互い向き合ってください。

　こちらの方から、50音を順に言っていっていただきます。最初の方は「あ」、次の方は「い」というように言っていってください。

　私が「ストップ！」と言ったところで中断します。

　そして、向かいの列にいる方とペアになっていただき、「ストップ！」と言われた直前の文字で始まる言葉を使いながら、ペアで自己紹介をしてください。たとえば「お」で止まったら、「お」で始まる言葉で、自分のことを話します。たとえば、「沖縄が好きです！」などです。

　では、始めましょう！

メリット

何の準備も必要なく、立って話す、指示されて瞬時に話す、というだけで、盛り上がったりもします

バリエーション

自己紹介やリビジットだけではなく、研修の内容に関連づけて話してもらうトピックをいろいろ工夫することも可能

注意

ストップと言うタイミングに注意する。たとえば「ぬ」など、その文字で始まる言葉が少なそうなところでは、止まらないようにする

トイレットペーパー!?

　次のエナジャイザーは、「トイレットペーパー」を使ったものです。「研修の場にトイレットペーパー!?」と思われたかもしれませんが、おそらく参加者も、皆さんと同じように意外性を感じ、楽しんでくれるでしょう。

　楽しみながら、お互いを知り合ったり体を動かしたりする機会をつくるアクティビティです。

目的
体を動かすことで脳を活性化させる

対象テーマ
どのようなテーマでも可能

対象人数
何人でも可能

時間
5分程度

準備するもの
トイレットペーパー：各チームに1つ

プロセス
1. トイレットペーパーをチームに1つ配る
2. 1人ずつ欲しい分量だけトイレットペーパーを切り取ってもらう
3. 全員がトイレットペーパーを持ったら、ほかのチームの誰かとペアになってもらう

4. パートナーが見つかったらお互いに自己紹介をする。その際、「切り取った トイレットペーパーのミシン目の数」だけ自分について語るようにアナウン スする

5. お互いの自己紹介が終わったら座席に戻る

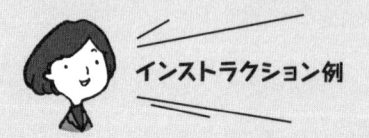

インストラクション例

トイレットペーパーを今から回すので、欲しいだけ取ってください。

（取ってもらう）
　トイレットペーパーを取り終わったら、立ち上がりほかのチームの 方とペアになっていただきます。
　トイレットペーパーにミシン目が入っていますが、そのミシン目の 数だけ、話をしていただきます。ミシン目が4つの人は4つ何かお話 ししてください。

メリット

研修会場にトイレットペーパーが登場すると、意外なので、楽しんでもらえる

バリエーション

- 早い段階であれば、自己紹介としても活用できる
- 研修の後半だったら、ここまで学んだことをミシン目の数だけ何かを話して もらうことで、リビジットにも活用できる

注意

たくさん取りすぎた人には、基本的にはがんばって話してもらうように励ますが、あ くまでもエナジャイザーなのでプレッシャーになるようであれば無理強いはしない

つまようじクイズ I

「つまようじ」があればすぐにできる、とても手軽なアクティビティです。手を動かしながら考えるので、いいリフレッシュになるでしょう。

とくに、休憩時間後のアクティビティとしてお勧めです。

目的
手を動かしながら考えることで脳を活性化させる

対象テーマ
どのようなテーマでも可能

対象人数
何人でも可能

時間
3〜5分

準備するもの
各チームにつまようじ50本ほど

プロセス
1. 各チームにつまようじを50本ほど配る
2. VI － I ＝ II　という形につまようじを並べてもらう
3. 次のようにアナウンスする

   「クイズです。これを2本だけ動かして、正しい数式をつくってください。」
4. 正解者が出るまで待つ

   ＊正解が出ないときは解説する

1 オープニング

2 クロージング

3 リビジット

4 エナジャイザー

5 その他

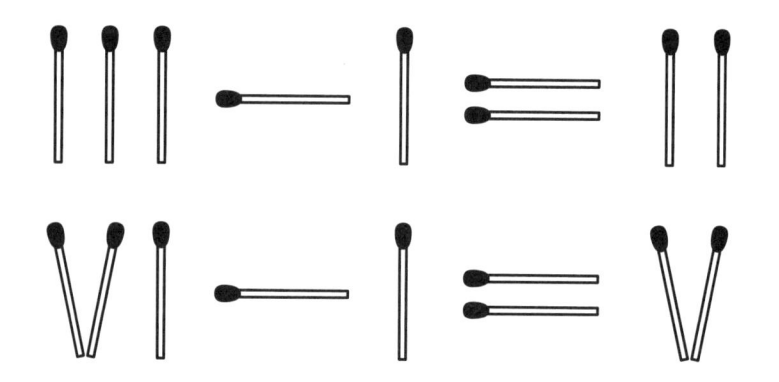

インストラクション例

つまようじをこの形に並べてください。

（ホワイトボードに書く）

VI － I ＝ II

クイズです。2本だけ動かして、正しい数式をつくりましょう。

メリット

この手のクイズが得意な方がいたり、と、メンバーの意外な一面が見える

注意

つまようじは、各チーム10本程度でも可能だが、その場合、やりたい人はやる

けれども、関わらずに傍観する人も出てしまう。50本用意すると、全員が取り組めるが、夢中になりすぎて対話がなくなったりするリスクもある。参加者の雰囲気や、用意できる数で適宜判断したい

つまようじクイズ Ⅱ

「エナジャイザー3」に続いて、「つまようじ」があればすぐにできる手軽なアクティビティをもうひとつ紹介します。手を動かしながら考えるので、いいリフレッシュになるでしょう。

とくに、休憩時間後のアクティビティとしてお勧めです。

目的

手を動かしながら考えることで脳を活性化させる

対象テーマ

どのようなテーマでも可能

対象人数

何人でも可能

時間

3〜5分

準備するもの

各チームにつまようじ50〜60本

プロセス

1. 各チームにつまようじを50〜60本（1人9本）配る
2. 1人9本、つまようじを用意してもらう
3. 次のようにアナウンスする
   「クイズです。9本のつまようじを使って、三角形を4つつくってください」
4. 正解者が出るまで待つ
   ＊正解が出ないときは解説する

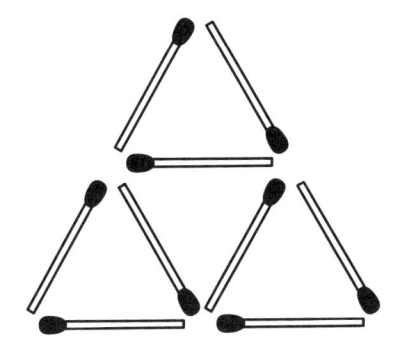

インストラクション例

　今お配りしたつまようじを9本使って、三角形を4つつくってください。

メリット
この手のクイズが得意な方がいたり、と、メンバーの意外な一面が見える

注意
「エナジャイザー3」同様、配布するつまようじの本数は、状況に応じて判断する

山手線ゲーム

　こちらも、体を動かしながら考えるので、リフレッシュになります。
　発言内容を積み上げて覚えていく、という「山手線ゲーム」は、少しプレッシャーがあるものです。ゲーム的に楽しんでもらいながら、研修のキーワードも登場させることで、リビジットの効果も期待できるアクティビティです。

目的

体を動かすことで脳を活性化させる

対象テーマ

どのようなテーマでも可能

対象人数

何人でも可能

時間

5〜7分

準備するもの

- 付箋：1人1枚
- 太いペン：1人1本以上
- チームが円になれるスペース

プロセス

1. 各参加者に付箋を1枚を取ってもらい、「研修の学びの中から、最初に実践しようと思っていること」を1つ書いてもらう
   ＊できるだけ短く、簡潔に書くように伝える

2. 全員が書いたら、その付箋を持って、各チームで円になってもらい、付箋に書いた内容を共有する

3. 共有が終わったら、チーム内で誰が何を実践しようと思っているかを覚えてもらう（制限時間は2分）

4. 2分経過したら、山手線ゲームを開始する

5. 1番の人は、自分が付箋に書いたことを言い、2番の人は、1番の人の内容と自分の内容を言う、3番の人は、1番と2番に加えて自分の内容も言う、といったように続けていき、最後の人がチーム全員分を言えたら終了する

インストラクション例

1人1枚付箋を取ってもらいます。実践しようと思っていることをひとつ書いてください。できるだけ短く、簡潔に書くようにします。

（書いてもらったら）
では、書いた内容を共有していただきます。チームで円になって、付箋に書いたことを話してください。そして各自が実践しようと思っていることを覚えてもらいます。
制限時間は2分です。

（共有したら）
山手線ゲーム！
最初の方は、自分が書いたことを読み上げてください。2人目の方は、最初の方の名前と言ったことをくり返したあと、自分が書いたことを読み上げてください。3人目の方は、最初の2人の名前と言ったことを言ったあと、自分の書いたことを加える、というように、積み上げていきます。
最後の方が全員分の内容を言えたら終了です。

楽しみながら、重要な点をくり返すので記憶に定着しやすくなる

あくまでエナジャイザーなので、あまりプレッシャーをかけすぎず、楽しい雰囲気で行う

終わったら立つ

「何らかのアクティビティが終わったら立つ」というアクティビティです。文字で読むと、とてもシンプルに思えるかもしれませんが、実際に行うといいリフレッシュになります。

　また、講師にとって、どれくらいの人が終了したかがすぐにわかる、といったメリットもあります。

目的
体を動かすことで脳を活性化させる

対象テーマ
どのようなテーマでも可能

対象人数
何人でも可能

時間
1～2分

準備するもの
とくになし

＊立ち上がれるスペースが必要

プロセス
1. 演習問題を解く、ワークシートの空欄を埋めるなどの個人ワークを行ってもらう時に、「終わったら静かに立ち上がってストレッチしましょう」と伝える
2. 早く終わった人から立ち上がり始める

3. 講師は全員の進み具合を把握する

4. 最後の人が終わるまで待つのではなく、中断することも可能

インストラクション例

では、終わった方はその場でご起立いただけますか？

メリット

● 参加者が少し体を動かしてストレッチすることができる

● 終わっている人がどれくらいいるかを確認することができる

● 終わった人が立ち始めるのでゆっくり進めている人も少しペースを早めてくれる

バリエーション

●「では、いったん皆さんご起立ください」と立ってもらい、「このワークが終わった人から座ってください」という使い方もできる（早く座りたいのか、ワークが早く終わる傾向がある）

● 個人ワークだけではなく、チームでひとつの課題に取り組んでもらう際に、終わったら立つ（座る）という活用も可能

注意

● あまりこのやり方を使いすぎるとゆっくりしたペースの人が萎縮してしまったりするので、頻繁には使わない

● 目安として半数ぐらいが終わった頃に「立ってください」と伝える。あまり少ない段階で言うと立つ人が2～3人という状況になり、立った人の居心地が悪くなるため配慮する

ストレッチ

　研修中、体を動かしてフレッシュしたい場面でいつでもできるアクティビティです。「自分のコンフォートゾーンを出ましょう」といったメッセージを伝えたい時、言葉で伝えるだけではなく、身体を使って実際に行ってもらうことで、より講師の意図が伝わりやすくなるというメリットもあります。

目的

体を動かすことで脳を活性化させながら、現状よりも良い結果を残すためにコンフォートゾーンを出ることの重要性を伝える

対象テーマ

どのようなテーマでも可能

対象人数

何人でも可能

時間

1～2分

準備するもの

とくになし

＊参加者全員が腕を伸ばして動けるスペースが必要

プロセス

1. 全員に立ち上がってもらい、「これからコンフォートゾーンを出る体験をしてもらう」ことを伝える
2. 全員立ち上がり、両手を左右の体のどちらかに伸ばして人差し指で壁をさし

てもらう

3. 左側に腕を向けて壁を指さしている場合、そこから体をできるだけ左にひねってもらう（足は動かさないように）

4. 人差し指がさしている壁の位置を覚えておいてもらい、位置を覚えたらいったん腕を下ろして楽にしてもらう

5. 再度チャレンジしてもらうが、その前に少し体をほぐしてもらう（たとえば30秒ぐらい柔軟体操をしてもらう）

6. 2でやった動きをもう一度やってもらうが、今度は1回目よりもさらに遠いところに指がさせるように、がんばってひねってもらう。無理をしすぎて痛めることがないように気をつけながらも、コンフォートゾーンだと思ったところより遠い位置に届くように、励ます

　＊ほとんどの参加者は1回目よりも数センチから数十センチ遠くまで指さすことができる

インストラクション例

　では皆さん、ご起立ください。そして、体を無理のない範囲でどちらかにひねりましょう。ひねる時、自分の右手の人差し指が、壁のどこをさしているかを覚えておいてください。

（ひねってもらう）

　はい、ありがとうございます。いったん戻ってください。
　これから1分間時間をとりますので、自由に体を動かしてほぐしてください。

（各自でストレッチをしてもらう）

　では、先ほどと同じ動きをしていただきます。先ほどよりは遠いところにいけるはずですが、いかがでしょうか。

（再度ひねってもらう）

　はい、ありがとうございます。
　思っているところよりもっと遠くにいこうと思ったらできるものですよね。このあとの研修でも、自分自身のさらに良いところを目指してがんばっていきましょう。

メリット

ストレッチすることで、自身の成長について「ストレッチ」する（「コンフォートゾーン」を出る）ことの大切さを、より実感を伴って伝えられる

注意

- ●無理な動きをしないように注意を喚起する
- ●手がぶつからないよう、広がって行うようにする

整列！

エナジャイザーは脳を活性化させるアクティビティですが、立ち上がるだけでもエナジャイザーになります。ずっと同じ席に座って、同じメンバーと話すのではなく、時にはこんなアクティビティを用いて、メンバーをシャッフルしたり、席替えをしたりするとリフレッシュになるでしょう。

目的

新しいチームづくりやチーム替えを、動きを伴いながら行うことで脳を活性化させる

対象テーマ

どのようなテーマでも可能

対象人数

最低12人

時間

10～15分

準備するもの

とくになし

＊全員が1列になれるだけのスペースが必要

プロセス

1. 誕生日の月日で1月1日から12月31日までで1列になってもらう。ただし「列をつくるとき、話をしてはいけない」というルールにする
2. 1分で1列になれるか試してもらい、列ができたら自分の位置が合っている

か、周りと話をして確認する

3. 確認が終わったら、1チームが3人から6人になるように全体をチーム分けしていく（トピックの深さやかけたい時間によって調節する）

4. 3〜6人のチームに分かれたあと、ここまでの研修を振り返って実践しようと思っていることを話してもらう（3〜4分）

5. チーム内でどんな話をしたかを全体で共有してもらう

インストラクション例

　これから、皆さんの誕生日順に、1月1日から12月31日までで1列になりましょう。このとき、話さずに1列になってみてください。

（1列になってもらう）
　ありがとうございます。では、話してOKですので、自分の位置が合っているかどうか確認してみてください。

（列の前後でグループに分かれる）
　ではそのメンバーで「……」について話しましょう。

メリット
- チームのメンバーがシャッフルできるのでいろいろな人と話せる
- 歩く、立って話すことがエナジャイザーになる
- 立って話すと長話になりにくく効率が良い

バリエーション
- チーム分けや席替えのほか、オープニングとして使うこともできる
- 話をせずに誕生日順に1列になってもらった体験から何を学んだかということを共有してもらうこともできる（研修の内容と関連づけて解説することも

できる）

●「誕生日」以外のテーマでも可能

> ◎テーマ例
>
> ●出身地を北から南に1列（もしくは東から西）
>
> ＊日本は北東から南西に伸びているので、北から南というと意外と難しくて盛り上がる（例：埼玉県よりも神奈川県は南。では静岡は??…というように）
>
> ●経験年数の短い人から長い人の順で1列
>
> ●部下の少ない人から多い人の順で1列

注意

「話さずに列をつくる」というのは、アクティビティ上、必須ではないため、最初から話しながら1列になってもらっても構わない

ペンキ塗り

「ペンキを塗る」という動作を模倣して体を動かしてもらいます。リフレッシュしたいときに使うアクティビティです。

目的

体を動かすことで脳を活性化させる

対象テーマ

どのようなテーマでも可能

対象人数

何人でも可能

時間

2〜4分

準備するもの

とくになし

＊立ち上がって体を動かしても、ほかの人にぶつからないだけのスペースが必要

プロセス

1. 参加者に、これから「ペンキ塗り」を行うことをアナウンスする
2. 「まずは壁を塗りましょう。上下にブラシを動かして塗っていきます」と言って、お手本を見せて一緒にやってもらう
3. 20秒程度で、「いい感じで塗れていると思います。では次はローラーを使っ塗りましょう」と言い、お手本を見せて一緒にやってもらう
4. さらに20秒後、「天井もきれいに塗れたと思います。次に壁に砂を吹き付け

ます。肘を使います」と言い、お手本を見せて一緒にやってもらう（肘を動かしてもらう）

5. さらに20秒後、「天井に塗れていない箇所がありました。ここは頭を使って塗りましょう」と言い、お手本を見せて一緒にやってもらう（頭を動かしてもらう）

6. さらに20秒後、「終了です。床を片づけましょう」と言い、横着してこれは足で片づける見本を見せて、一緒にやってもらう（足を動かしてもらう）

7. お礼を言って終了する

ローラーを
上下に動かします

肘を
使います

ここは
頭を使って
塗りましょう

横着して
足で
片づけましょう

 **インストラクション例**

　今、このビルのオーナーから指示書が届きました。皆さんに協力してもらわなくてはいけないことがあります。この部屋にペンキを塗り

ます。「今すぐやれ」とのことなので、手伝っていただけますか。

　では最初に壁を塗りましょう。上下にブラシを動かして塗っていきます。

　（2のストレッチ）
　（参加者の様子を見ながら）まだその辺が塗れていないので塗ってください
ね。

　（20秒程度経ったあと）
　はい、ありがとうございます。
　では次に天井です。長いローラーを持ってきたので塗りましょう。

　（3のストレッチ）
　（20秒程度経ったあと）
　はい、ありがとうございます。
　天井もきれいに塗れたと思います。次に壁に砂を吹き付けます。肘
を使います。

　（4のストレッチ）
　（20秒程度経ったあと）
　天井に塗れていない箇所がありました。ここは頭を使って塗りまし
ょう。

　（5のストレッチ）
　（20秒程度経ったあと）
　はい、ありがとうございます。終了です。今度は床に落ちているも
のを片づけましょう。ここは横着して足を使ってしまいましょう。

　（6のストレッチ）
　はい、ありがとうございました。

メリット

ただ単に体を動かすのに比べて、変化があるので楽しむことができる

バリエーション

塗る順番や体の動きは自由なのでクリエイティブにやってみよう

注意

体を動かすのが難しい人がいたら参加しなくても良いことにするなど、配慮する

空中に文字を書く

　エナジャイザーの最後にご紹介するのは、いわゆる「尻文字」（お尻で空中に文字を書く）を交えたアクティビティです。楽しみながら体を動かすことで、いいリフレッシュになることでしょう。

　疲れてきた頃を見計らって活用することをお勧めします。

目的

立ち上がって動いてリフレッシュしてもらう

対象テーマ

どのようなテーマでも可能

対象人数

何人でも可能

時間

2〜3分

準備するもの

とくになし

＊動き回っても周りの人とぶつからない程度のスペースが必要

プロセス

1.「これから体と頭を目覚めさせる動きをしてもらいます」という趣旨を伝える

2.「空中に自分の名前を書いてください」と言い、講師はお手本をやって見せる

　①「利き手で書きます」

② 「利き手ではないほうの手で書きます」

③ 「利き手の肘を使って書きます」

④ 「利き手ではないほうの腕の肘を使って書きます」

⑤ 「お尻で書きます」

利き手で
名前を書きます

利き手では
ないほうの手で
名前を書きます

最後にお尻で
名前を書きます

利き手の肘で
名前を書きます

利き手では
ないほうの肘で
名前を書きます

インストラクション例

では皆さんご起立ください。

　今から利き手で、自分の名前を空中に書いてください。私だったら
ナカムラとこのように書きます。

（お手本を見せてから、実際にやってもらう）

　では今度は、反対の手で書いてください。

（実際にやってもらう）

　次は、利き手の肘で書きます。書けましたか？

（実際にやってもらう）

　では反対の肘で書いてください。

（実際にやってもらう）

　最後はお尻で書きます。

（実際にやってもらう）

　はい、ありがとうございます。終了です。ご協力ありがとうございました。

メリット

お尻で書くところでおそらく笑いが起きる

バリエーション

自分の名前を書くのではなく、研修のキーワードにしても良い

注意

体を動かすことが難しい人がいる場合は配慮する

2-5

その他のアクティビティ

研修内容を「講義」することに代わるアクティビティ

　最後に紹介するのが、「その他、研修内容を『講義』することに代わるアクティビティ」です。

　参加者が主体的に研修に関わることができるような研修を行ううえでは、2つの大切なコンセプトがあります。

・EAT（Experience・Awareness・Theory）

　EATとは、「Experience（経験）」「Awareness（気づき）」「Theory（理論）」の頭文字です。何かを学ぶ際は、理論の解説をし、気づきや納得を得て、その後実践練習を行うという流れ（TAE）、もしくは、理論の解説や実践練習を経て気づきや納得を得るという流れ（TEA）が多いかもしれません。

　ですが最初に「経験」を持ってくるデザイン（EAT）もあり得ますし、さまざまなメリットがあるのです。「経験」には、「ロールプレイを行う」「研修で学ぶ予定のスキルを使って実践する」など研修の場で経験することに加えて、参加者がこれまでに経験したこと、学んだ知識を活用して行うアクティビティも含まれます。参加者自身が経験から気づきを得て、その後理論の補足や解説を行うことで、学習内容がより納得しやすくなる、受け止めやすくなる、理論に対する理解が進む、レベル差のある参加者がいてもついていきやすくなるなどのさまざまなメリットがあります。

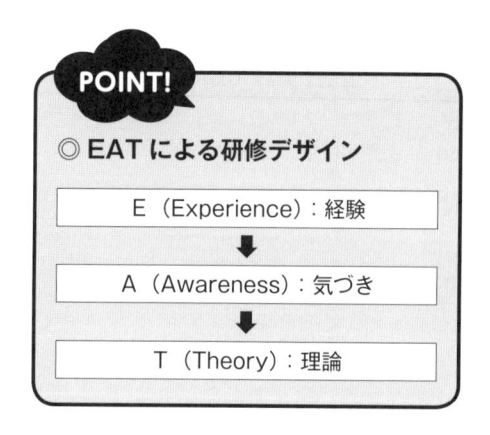

POINT!

◎ EAT による研修デザイン

E（Experience）：経験

⬇

A（Awareness）：気づき

⬇

T（Theory）：理論

・CSR（コンテンツ・参画・ソビジット）

コンテンツ、参画、リビジットは、研修を構成する３つの主要な要素です。

具体的には、研修をデザインする際、20分という最小の単位に、この３つが含まれるようにします。コンテンツは習得してもらいたい内容、参画は８分に１回は参加者が「話を聞く」など受け身な状態ではなく、「考察する」「発言する」など能動的になること、そして、リビジットは24ページで述べた通りです。

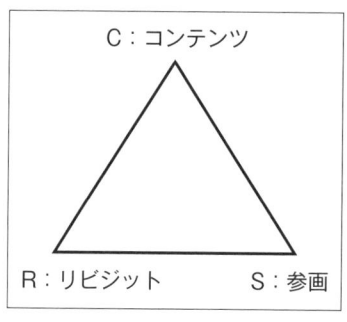

20分を構成する3つの要素

以下では、「EAT」の「E」にあたる部分のアクティビティ、そして

「CSR」の「C」の部分において、「講師が説明する」のではなく「参加者に主体的に学んでもらう」方法を紹介します。

　前半では「テーマを選ばないアクティビティ」、後半では「テーマに直結したアクティビティ」について見ていきましょう。

ティーチ・バック（ほかの人に教える）

　　参加者ができることは参加者にやってもらう（講師はやらない）——
これは、参加者主体の研修を行ううえで、大切なコンセプトです。参
考図書を研修で使用したり、詳しい資料を参加者に渡したりしている
など、読めば理解できるものが手元にある場合、講師がすべてを説明
する必要はありません。ページをアサインして、読んでほかの人に教
えるというアクティビティによって、より理解が深まるなど効果的な
学びにつながるでしょう。

目的

- コンテンツを理解してもらう
- ある程度読めば理解できるものがあれば、自己解決してもらう
- ほかの人に説明することによって理解を深め、記憶に定着するサポートをする

対象テーマ

どのようなテーマでも可能
＊読めば理解できる詳しい資料や参考図書が活用できる場合

対象人数

何人でも可能
＊5〜6人のチームに分かれて行う

時間

10〜15分（読む分量による）

準備するもの

読めば理解できる詳しい資料や参考図書

プロセス

1. 6人チームが4つある場合、チームの中で1番から6番まで担当を決める

2. 「1番の人は何ページ担当」「2番の人は何ページ担当」などと分担して、各チームの1番、2番、3番、4番……ごとに集まって資料を読む

3. 読み終わったら、読んだ内容の確認や「どのように説明したら理解してもらえるか」を相談する

4. 相談が終わったら、自分のチームに戻って、自分の担当ページを説明する

 **インストラクション例**

これから、この資料を使ってアクティビティを行います。各チームにトランプを置きました。1人1枚ずつ取っていただけますか?

今取ったトランプの数字が、担当箇所の番号です。1番を引いた方は、資料の【1】のパートが担当です。担当箇所について、以下の3つのことを行っていただきます。

　1. 同じ番号の人と集まり、資料を読む
　2. チーム内で読んだ内容を確認し、説明の仕方を相談する
　3. 自分のチームに戻って、担当箇所の内容をほかの人に説明する

この3つです。

では、資料を持って、同じ番号を引いた方を探して、集まっていただきます。集まったら始めましょう。

- 読めば理解できる内容について、講師の講義を聞くという受け身な学び方をしなくて良い
- 自分の言葉に置き換えて説明するので、記憶に定着しやすい

まとめた内容の正確さや伝え方の質を検証しなければいけない場合、以下の方法で進める。そこまでの心配がなければ、ここで紹介した全員が説明する方法をとる

《前ページのプロセス3のあとに下記を追加する》

（1）「この研修に参加できなかった人に研修の内容を伝える」もしくは、「研修で学んだことを誰かに伝えなければいけない」という状況になったと想定する。「伝えるにあたって使えるものはフリップチャート1枚のみ。したがって重要な点をコンパクトに1枚にまとめる必要があります。書き方は自由です。言葉を使ってもいいし図表や絵、マンガなど何を使っても構いません」と伝える

（2）フリップチャートにまとめ参加者全員の前で発表する（まとめる時間は5分、各チームからの発表は2分程度）
    ＊4のプロセスは省略する

内容の難易度によって、準備の時間を調節する

スキル・グリッド

　研修で習得する知識やスキルをリストにまとめ、それぞれの項目に対して10段階で自己採点してもらうことで、自己認識につなげるアクティビティです。目標設定を行ったり、進捗管理をしたりする際にも活用できます。

目的
- スキルや知識について自己分析をする
- 目標設定や進捗管理を行う
- 研修内容を振り返り、アクションプランをつくる

対象テーマ
どのようなテーマでも可能

対象人数
何人でも可能

時間
6～7分

準備するもの
リスト：1人1枚

《リスト例1：接客スキル》

スキル・グリッド（サンプル） ＊接客スキル										
必要なスキル・知識	課題 1	2	3	4	5	6	7	8	強み 9 10	
身だしなみ	·	·	·	·	·	·	·	·	·	·
コミュニケーションスキル	·	·	·	·	·	·	·	·	·	·
礼儀正しさ	·	·	·	·	·	·	·	·	·	·
お客さまの気持ちを理解しようとする	·	·	·	·	·	·	·	·	·	·
アイコンタクト	·	·	·	·	·	·	·	·	·	·
親しみやすさ	·	·	·	·	·	·	·	·	·	·
役に立とうとする姿勢	·	·	·	·	·	·	·	·	·	·
業務に関する知識	·	·	·	·	·	·	·	·	·	·
傾聴・共感	·	·	·	·	·	·	·	·	·	·
信頼される話し方	·	·	·	·	·	·	·	·	·	·
責任感	·	·	·	·	·	·	·	·	·	·
自分に自信がある	·	·	·	·	·	·	·	·	·	·
接客が好きであるという気持ち	·	·	·	·	·	·	·	·	·	·
笑顔	·	·	·	·	·	·	·	·	·	·
問題解決しようとする姿勢	·	·	·	·	·	·	·	·	·	·

自分自身の強み	今後の課題
1	1
2	2
3	3

《リスト例2：経験者向けの研修など》

スキル・グリッド（サンプル）

必要なスキル・知識	課題 1 2 3 4 5 6 7 8 9 強み 10

自分自身の強み
1
2
3

今後の課題
1
2
3

《新入社員研修やスキルを習得してもらうための研修の場合》

1. 研修前、講師は研修で習得すべきスキルのリストをつくる

2. 参加者は研修が始まる前に自己分析し、自分のスキルレベルがどこに該当するかをチェックする

3. 研修が終わる時に参加者はもう一度自己分析をし、どこまでスキルレベルが上がったかをチェックする

《経験者向けの研修や対人関係スキルがテーマの研修の場合》

1. 必要なスキルが空欄になったままのスキル・グリッドを用意する

2. 参加者は、「何を習得する必要があるか」を自分たちで考えて記入する

3. 研修が終わる時に自己分析を行い、自分のスキルレベルをチェックする

4. チェックしたスキル・グリッドをもとにアクションプランをつくる

インストラクション例

《例①：新入社員研修やスキルを習得してもらうための研修の場合》

これから個人ワークで、自己分析を行っていただきます。

ここに、〇〇を行うために必要なスキルがリストアップされています。各項目について、皆さんの現状は何点でしょうか？　自己分析してみましょう。誰かに提出したりはしませんので、正直に振り返ってみてください。

一通りチェックが終わったら、リストの下に強みと課題を3つずつ書き出しましょう。リストから3つ選んでもいいですし、リストにない項目を強みや課題として挙げても構いません。

《例②：経験者向けの研修や対人関係スキルがテーマの研修の場合》

ではこれから、リーダーシップを高めるために大切なことをチーム

で10項目にまとめていただきます。

　今日の研修の内容だけではなく、皆さんが普段から大切に思っていることも加え、10項目リストアップしてください。

（リストアップ後）

　各項目について、皆さんの現状は何点でしょうか？　個人で自己分析してみましょう。誰かに提出したりはしませんので、正確に振り返ってみてください。

　一通りチェックが終わったら、リストの下に強みと課題を３つずつ書き出しましょう。リストから３つ選んでもいいですし、リストにない項目を強みや課題として挙げても構いません。

メリット

- 自己分析をすることによって、自分の課題を見つけることができる
- 自分の課題を明確にすることで、学習のモチベーションが高まる

バリエーション

- 「現状」と「目標」を捉えることで、目標に到達するためのアクションプランを考えてもらうこともできる
- 自己認識だけでは不十分な場合、事前・事後課題として「上司と対話して記入する」と指定しても良い

注意

リストアップされている内容について疑問や異なる見解をもつ参加者が多いと予測される場合、項目を追加・変更できるなど、自由度をもたせることで納得度を高めたい

ウィンドウ・パニング

記憶に残したいキーワードを、絵や図とともに覚えやすく、かつ、思い出しやすくするためのアクティビティです。脳科学上、意味のあるまとまりの数で一度に覚えらやすいのは「7±2」の個数と言われます。つまり最大9つまでなので、9つの枠に、絵や図とイラストを描いて覚えていきます。

目的

大事なこと、キーワードを記憶に定着させる

対象テーマ

どのようなテーマでも可能

対象人数

何人でも可能

時間

7～10分程度

準備するもの

ホワイトボードまたはフリップチャート（キーワードと絵・図の両方を描いたもの、絵・図のみを描いたもの）

＊壁に貼り続けることで記憶への定着につながるため、フリップチャートのほうがお勧め

プロセス

1. 講師がキーワードと、それを表す絵や図を描く
2. 参加者は真似して描き写す

3. キーワードなしで絵・図のみを描いたものも用意しておき、1つずつ指さして、キーワードを覚えているかを確認する

《フリップチャート例》

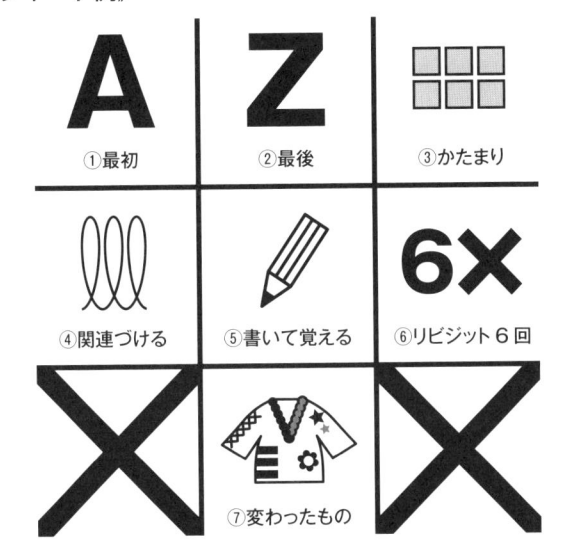

 **インストラクション例**

　記憶に残したい7つの要素について、キーワードと、それを表す絵や記号をここに描いていきます。
　皆さんも同じように描きましょう。

（描いたあと）
　では、絵を見てキーワードを思い出せるかチャレンジしてみましょう。
　これは何でしたか？　……

- 文字と絵を組み合わせて覚えることができるので、記憶に定着しやすく、思い出しやすい
- 研修で学んだことを職場で実践しようと思った時、いちいちマニュアルを開かなくてもイメージが浮かぶようになる
- 長期記憶への定着をサポートする

バリエーション

- どのようなテーマにでも使える
- 数は上限が9個として、「×」を書いて調整する
- プロセスで順番に意味がある場合、左上から右下に向けて、「1→2→3→4→5→6→7→8→9」という順番にする

1	2	3
4	5	6
7	8	9

- 5つの場合、もっとも大事なものは、真ん中（センターポジション）に描く

	★	

注意

- イラストは絵が苦手な人でも描き写せるよう、シンプルなものにすること
- 参加者が30人を超えるような大人数の場合、フリップチャートだけでは見えにくいこともあるので、スライドに投影する（その場合も使用する画像はシンプルで描き写せるものを選ぶ）
- 参加者にイラストを考えて描いてもらうのも楽しく、方法としては可能だが、考えるのに時間がかかったり、人・チームによって異なるイラストになったりするため、全員の共通認識となるイラストにならないというデメリットがある

動画を活用したアクティビティ

「百聞は一見に如かず」という言葉があるように、言葉で示すよりも映像を利用することは、学習上、とても効果が高いものです。とはいえ、効果的に活用しなければ、大切なポイントを見逃したり、眠くなったり浅い考察にしかならなかったりするリスクがあります。

そこで、ここでは、動画を用いたアクティビティを効果的に行うコツをまとめます。

目的
- 動画を見る際に、焦点を絞って分担する
- 動画からつかみとれる情報量を増やす

対象テーマ
どのようなテーマでも可能
＊テーマに合わせた動画があれば

対象人数
何人でも可能

時間
動画視聴＋15分程度

準備するもの
動画（最長でも4分程度）

プロセス
1. 動画を見ることを伝える
2. チーム内で役割分担を決める（どのような役割にするかは講師がインストラ

クションする）

◎役割分担のしかたの例

- ●登場人物の誰に着目して映像を見るかを分担する
- ●「言葉」に着目する人、「言葉以外」に着目する人に分ける
- ●「良い点」「良くない点」それぞれに着目する人に分ける

---

3. 動画を見る

4. 全チームの同じ役割の人で集まって、見た内容の理解の確認や、重要ポイントの確認・共有を行う

5. 自分のチームに戻って、それぞれの役割から重要ポイントや学び、気づきを共有し、チームでディスカッションを行う

6. 全体で共有する

インストラクション例

　ではこれから、「〇〇」について4分程度の動画を見ていただきます。見たあとに、そこからの気づきをディスカッションします。

　動画を見ていただくにあたり、何に焦点を当てて見るかを役割分担していただきます。今回は、登場する「田中さん」を集中して見る人と、「鈴木さん」を集中して見る人に分かれていただきます。

　では、各チーム（6人ずつ）で「田中さんを見る人」3人、「鈴木さんを見る人」3人を決めていただけますか？

　（決まった様子を確認してから）

　それぞれ「田中さん」「鈴木さん」の、言動、どんな気持ちだったであろうか、に着目して動画をご覧になってください。ではご覧ください。

（見たあとで）
　それでは、「田中さん」「鈴木さん」それぞれについて、まずは動画で見た内容の確認をしていただきます。
　「田中さん」担当の方はこちらに、「鈴木さん」担当の方はそちらに集まっていただき、何を見たか、動画の内容の確認をしましょう。時間は3分です。

（3分後）
　ありがとうございます。ではそれぞれのチームに戻って、お互いの立場から、どんな気づきがあったか、ここから何を学び取れるかを話し合ってみましょう。

メリット
- 分担することによって、役割や責任感が生まれる
- 見るポイントを絞り、あとで全体で共有することによって、動画の内容を覚えていたり、得る情報が増えたりする
- 動画を見たあと、異なる視点で見た人がディスカッションすることになるので、議論が深まったり、広がったりする

バリエーション
人数が少ない場合でも、役割は分担する（プロセスの**4**と**5**は割愛して、見た直後に全体で共有する）

注意
4分以上の動画は興味を失いやすいので、途中で区切るか、動画の進行に沿って着眼点や観察ポイントを示しておいて興味が持続するような工夫が必要

カードを活用したアクティビティ

　カードはさまざまなアクティビティを進める際にとても役に立つ存在です。言葉を文字として可視化できるほか、図やイラストなども活用でき、また、作成に時間も費用もあまりかからないので、研修内容に応じたオリジナルのカードを作成しやすいというメリットがあります。また、カードを用いることで、学習に動きを出すことができます。ここでは、カードの活用例とそのコツをまとめます。

目的

全員を巻き込みながら課題に取り組む

対象テーマ

どのようなテーマでも可能

対象人数

何人でも可能

＊5～6名のチームに分かれて行う

時間

カードの内容による

準備するもの

目的に応じたカード：各チームに1セット

《カード例》

リビジットクイズ	表に研修内容の確認クイズ、裏に答えが書いてある
なぜなぜカード	「なぜ」で始まる質問が書かれていて、その答えを考える（理論や手順はわかっても、その理由を見失わないようにしたい研修内容に適している）
マッチング	用語とその説明文のカードを作成し、正しい組み合わせを考える
プロセス	物事の順序を正しく学んでもらいたいときに、そのステップをカードにしておいて、正しい順序に並べてもらう
真実か伝説か	書かれている内容を真実（正しい）と伝説（都市伝説つまり間違い）に分類してもらう

＊なぜなぜカード例（講師養成研修の場合）

1.なぜ立ったり座ったり、移動したりが多いのか	2.なぜ「終わったら立ってください」なのか	3.なぜソフトオープニングが効果的なのか
4.なぜアクションアイデアを書く時間をとるのか	5.なぜ指名をしないのか	6.なぜ発言の前にペアやチームで話す時間をとるのか
7.なぜチームで話し合う前に個人ワークの時間をとるのか	8.なぜ成功体験を重要視するのか	9.なぜ「参加者ができることを講師は行わない」のか
10.なぜリーダーを頻繁に変えるのか	11.なぜMr.Sketchを使うのか	12.なぜスクリーンに映すタイマーを使うのか(キッチンタイマーではなくて)
13.なぜフリップチャートなのか	14.なぜ音楽を使うのか	15.なぜ講師がまとめないのか
16.なぜ「質問はありませんか？」と言わないのか	17.なぜ「復習しましょう」と言わないのか	18.なぜフリップチャートに絵が描かれているのか

19.なぜリーダーを選ぶときにさまざまな方法を使って楽しく選ぶのか	20.なぜ席替え、チーム替えを頻繁に行うのか	21.なぜ参加者自身に学習ゴールを決めてもらうのか
22.なぜスクリーンを部屋の角に置いたほうがいいのか	23.なぜ発表はリーダーが基本なのか	24.なぜ発表はひとつずつなのか
25.なぜ講師の自己紹介でスタートしないのか	26.なぜ研修開始時に、1人ずつ全員の前で自己紹介しないのか	27.なぜアクションアイデアを書いてもらうのか
28.なぜ空欄を埋める形式のワークブックなのか	29.なぜアンケートに「参加者自身について」という項目があるのか	30.なぜ、できるだけ参加者同士が話す時間を多くとろうと工夫するのか

プロセス

《予想》

説明する前にカードを使ってチームで考えてもらい、そのあとに答え合わせと解説をすることで、EATのデザインにできる

1. 各チームにカードを配布する

2. カードに書かれた用語と説明の組み合わせを考えたり（マッチング）、正しい順番を予測したり（プロセス）、間違いものと正しいものに分別する（真実か伝説か）などのアクティビティを行う

3. 正しい答えを示し、必要に応じて解説する

《リビジット》

研修で取り扱ったあとに、理解確認やリビジットとしてカードを使う

1. 研修の内容についてリビジットを行うタイミングで、各チームにカードを配布する

2. 書かれている質問に対する答えを考えてもらう

3. 答え合わせを行い、必要に応じて解説する

《健全な競争》
上記の「予想」や「リビジット」を行う際に、チーム対抗で、正解数を競い合ったり、時間を競い合ったりするというゲーム感覚を取り入れる

インストラクション例

《真実か伝説か》
　ではこれからこの15枚のカードを使ってアクティビティを行います。
　カードには、正しい内容が書かれているものと、「そういう話はよく聞くけど実際は違う」という都市伝説的なものとがあります。そこで、これらのカードをチームで協力して「真実」と「伝説」に分類してください。時間は3分です。

（3分後）
　ありがとうございます。では確認していきましょう！

メリット

- チーム全員で取り組める
- 立ち上がってカードを並べたり、動かしたり、と動きや変化がある
- 口頭での話し合いに比べると、文字やビジュアルがあるので可視化できる
- つくるのが簡単で費用もそれほどかからない
- 何もないところから議論するよりも短い時間で深められる

動きが生まれるためエナジャイザーとしても活用できる

注意

- 通常の配布資料などに使用する紙よりも、厚手のものにすることで、やや特別感が出るし、すぐに傷んでしまうことを防げる
- 通常の紙だと書き込みをする人が出て再利用できなくなったりするが、厚手の紙だと書き込みをする人があまり出ないというメリットもある

ライフ・マップ（チームビルディング）

　続いて紹介するのは、オープニングを過ぎ、研修の途中でチームビルディングを行う際にお勧めのアクティビティです。これまでの人生の主な出来事を共有することで、それぞれの参加者の価値観や人となりが見えるようになります。お互いを深く知り合う必要があるような研修テーマに最適でしょう。

目的

お互いを深く知り合うことでチームビルディングにつなげる

対象テーマ

お互いをよく知り合う必要があるようなテーマや参加者の時に有効
※チームビルディング、対人関係スキルなど

対象人数

何人でも可能
＊5～6人のチームに分かれて行う

時間

45分程度（作成15分、チーム共有30分）
＊ペアワークとすることも可能（ペアでの共有は15分程度）

準備するもの

- フリップチャート（サンプル用）：1枚
- 白紙の紙：1人1枚
- 筆記用具：1人1本以上

《フリップチャート例》

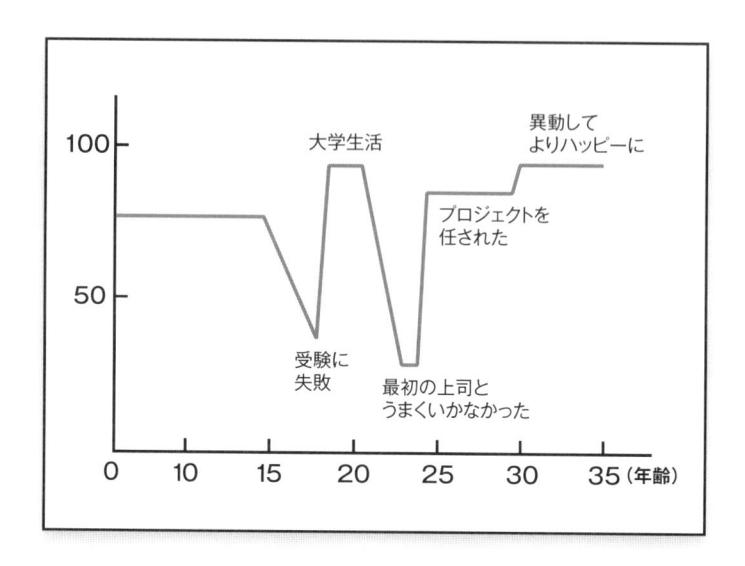

1. 始める前に「これから行うアクティビティは自己開示を求める」こと、もし開示したくないような出来事があれば、個人の判断で、開示せず省略しても良いことを伝える

補足

◇ 始める前に講師が自分の「ライフ・マップ」を描いてサンプルとして見せながら説明すると、わかりやすいし、参加者も同じようにやってくれる可能性が高まります。

2. 紙に水平な線を描く

3. 時系列で生まれた時から現在まで、3〜5年ごと程度で年数を入れていく

4. 自分の人生を振り返って、浮き沈みを折れ線グラフで表す

5. 書き終えたら、とくに大きな上下があるところ、重要な出来事があったとこ

ろなどについてチーム内でお互いに紹介し合う

インストラクション例

　今から「ライフ・マップ」を描いていただき、チーム内で共有していただきます。
「ライフ・マップ」とは、これまでの人生をこのように（見本を示す）折れ線グラフで示したものです。そして著しく高い、もしくは低い点について、何があったからそうなったのかを思い出して、共有できる範囲で、チームで共有していただきます。
　このアクティビティの目的は、チームのメンバーがお互いを深く知り合うということです。お互い、積極的に自己開示していただければと思います。
　とはいえ、話したくないことは伏せたりぼやかしたりしていただいて、もちろん構いません。

　まずは、個人で思い出して描いていただく時間をとります。線を描くと同時に、出来事もメモしておいてください。

メリット

深い自己開示になるため、チームビルディングに役立つ

バリエーション

「子どもの頃を含めるのか、社会人になってからに絞るか」「プライベートを含めるのか、仕事に関してだけにするか」など、目的によって変化させる

注意

●自己開示を求めるので、場が温まっていることが大切

- 目的を伝えたうえで、「開示したくないことは書かなくて良い」ということを明確に伝える
- 語り始めると長くなる人も多いので、タイムマネジメントをしっかり行う
- サンプルとして見せるものは、参加者に話してもらいたい内容や深さのお手本となるものを準備する（プライベートを含めるか仕事のみか、どれくらい詳しく書いてほしいかなど）

「観察」と「記憶」

　毎日見ているものでも、意外としっかり観察できていない、覚えていないことを実感してもらうためのアクティビティです。「観察すること」の大切さは、言葉で説明するよりも、体験してもらうほうが伝わりやすいでしょう。オープニングにもお勧めです。

目的

「見ること」と「注意深く観察すること」の違いを実感してもらう

対象テーマ

部下育成、リーダーシップ、チームビルディング、接客・販売など対人関係スキルの研修に向く

対象人数

何人でも可能

時間

3〜4分

準備するもの

・白い紙：1人1枚

・正解の物

プロセス

1. 参加者に白い紙を配布する
2. 「何も見ずに、○○を思い出してできるだけ忠実にその紙に描いてください」とアナウンスする。○○は参加者が「日ごろよく見るはずのもの」を選ぶ（例：社章、10円玉、自分自身の腕時計のフェイス、携帯電話・スマートフ

ォンのホーム画面など）

3. 描いた絵を隣の人と共有し、実物を取り出して確認する

4. 「『見る』ことと『注意深く観察する』ことは同じではありません。日ごろ部下の行動をどれくらい見ているか、振り返ってみましょう」などと研修内容に関連づけたコメントをする

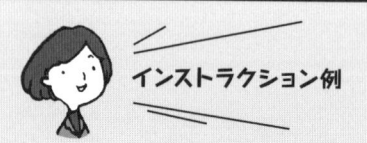

インストラクション例

　今から、その紙に、自分の腕時計のフェイスを、見ないで、思い出して描いてみましょう。どれくらい正確に描けるでしょうか？

（しばらくして）
　では時計を見て、どれくらい正確に描けたかを確認なさってください。
　隣の方にも見せて報告をお願いします。

（隣の方と見せ合ったあと）
　このように、毎日見ていても、「見ている」ということと「注意深く観察している」ということは別です。たとえば部下の言動も目には入っていると思いますが、それを注意深く観察しているか、というと、そうでもなかったりします。
　たとえば評価面談の際などに、日ごろから部下のことをきちんと注意深く観察していないと、事実に基づいた話ができなくなります。日ごろから、しっかりと意識を向けて観察しておくことが大切ですね。

メリット

● うまく描けない方が多いので、見ているようで見ていないというポイントが受け入れやすくなる

● おもしろい絵ができる可能性が高いので、場が和む

バリエーション

何らかの画像を投影して、数秒間見てもらい、覚えていることを描くというアレンジも可能

注意

● 腕時計は伝えたいポイント（毎日何度も見るのに意外と覚えていない）がわかりやすくて良いが、着用しない人も増えているので、時計をしていない人がいるような場合は、ほかのもので全員が持っているものにする

● バリエーションに示したように、何か画像を見せるという方法も有効

コミュニケーション・スタイル分析

　ここでは、手軽にできるコミュニケーション・スタイル分析を紹介します。自分のスタイルとは異なる人がいること、自分にとって心地よい・苦手とするコミュニケーションでも、異なる意見をもつ人がいることを実感することができるアクティビティです。ほかのさまざまなアセスメントツールを活用する場合にも、結果をもとに同様のアクティビティが可能です。

目的

- 自分のコミュニケーションのスタイルの好みを知る
- コミュニケーション・スタイルの多様性を知り、別のスタイルを受け入れる

対象テーマ

対人関係スキルの研修に向く

対象人数

数人〜30人程度

時間

20分程度

準備するもの

- 何らかのアセスメントの結果、または全員分のワークシート（2種類）
  * アセスメント結果がない場合は、ワークシートを使ってその場で簡易的なアセスメントを行う（次ページにサンプル）
- フリップチャート：プロセス**3**、**4**で分かれてもらうグループに各1枚

《ワークシートサンプル①》

コミュニケーション・スタイル

1. Individual 個人主義
各個人の自由と明確な責任分担を好む。個人の考え・気持ちを表現したり、各人が自発的に行動を起こすこと、自立などを重んじる。

Group 和を大切にする主義
チームのコンセンサスを大切にし、全員の利益のために協力する。チーム全体の利益と存続が優先的。

2. Informal 形式を重視しない
初対面の人みんなに対してオープンで、フレンドリー。形よりも中身を重視。

Formal 形式を重視する
初対面の人には注意深く遠慮がち。人間関係を築くためには、形式・礼儀が大切。

3. Future 将来を重視
将来の可能性や常に変化。進化しつづけることを重視する。

Past 今までの経験を重視
過去の伝統、今までのやり方、経緯などを重視する。

4. Direct 直接的
考えている通りのことを口にする、口に出すことは考えていることと違わない。言葉に出して表現されることだけを理解しようとする。(Low context)

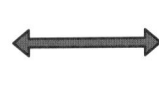

Indirect 間接的・婉曲的
衝突を避け、顔を立てるために含みをもたせた表現を使う。行間を読んだり、相手の意図を察する、ということもする。(High context)

5. Logical 論理的
合理的、理にかなった議論、理路整然としたやり方を重視する。

Intuitive 直感的
直感や想像力、気が合う・合わない、ということを重視する。

6. Expressive 表現豊か
考えや気持ちをオープンに、自由に表現することで、信頼関係、人間関係を築く。沈黙は苦手。

Reserved 控えめ、表に出さない
感情を抑えて話し合うことで、問題点を客観的に話し合うことができる。自由に考え、意見を述べる、というのは苦手。

コミュニケーション・スタイル分析　参考資料

1. どちらかと言うと：
　A) チーム全体の成功より、自分のいいパフォーマンスを認められるほうが嬉しい (Individual)
　B) チームとして会社に貢献したことを認められると嬉しい (Group)

どう振る舞えばいいのかわからないような状況になった時：
　A) 可能な限りの情報を手に入れて、どのようにすればいいか自分で判断する (Individual)
　B) ほかの人がどうしているかを見て、それに合わせる (Group)

2. どちらかと言うと：
　A) 参加者全員が自由に躊躇なく意見できるような会議のほうが好きだ (Informal)
　B) どのような順序で誰が何を言うかがあらかじめ決まっているような会議のほうが好きだ (Formal)

どちらかと言うと：
　A) 思いついたことや浮かんだアイデアを自由に発言できる会議のほうが得意 (Informal)
　B) あらかじめ決められた時間の中で、用意した内容を発表するほうが得意 (Formal)

3. 提案書を書く時に重要だと思うのは：
　A) 提案の結論とその結果どうなるか、が明確に書かれていること (Future)
　B) 背景とそれまでの経緯、過去にどんなことが起こったかなどが読み手に伝わること (Past)

どちらかと言うと：
　A) 今後、重要性が増すようなことに注力しておいたほうがいい (Future)
　B) 先のことを心配するより、現状や今までの経緯についてもっとよく知っておくべきである (Past)

4. 衝突というのは：
　A) 最善策を考え出すためにはいい意味で必要なことである (Direct)
　B) チームワークを乱す危険性があり、あまり好ましくない (Indirect)

どちらかと言うと：
　A) ほかの人を理解するには、はっきりと直接質問するのが一番いい方法である (Direct)
　B) 直接質問するのは失礼かもしれないし、質問されたほうも困るかもしれない、と思う (Indirect)

5. 意思決定をする時は：
　A) さまざまな情報源から効率的に情報収集し、データに基づいて決定する (Logical)
　B) 自分自身、もしくは経験豊富なマネジャーの直感で判断する (Intuitive)

信頼できると思うのは、どちらかと言うと：
　A) 十分な分析と提案の裏づけになる論理が明確になっている提案書 (Logical)
　B) 豊富な経験に裏づけられ、熱意の感じられる提案書 (Intuitive)

6. 会議中に何か質問したいことや疑問に思うことがある時：
　A) ほかの人も同じことを疑問に思っているかもしれないので、すぐに質問して確認する (Expressive)
　B) 会議の中では質問しないで、会議終了後、誰かに聞く (Reserved)

仕事の進め方について指摘を受けたが、
誤解されていることがあるように感じる時：
　A) 率直に自分の意図を伝え、誤解を解き、今後お互いがどうすれば仕事を進めやすくなる
　　かを話し合う (Expressive)
　B) その場ではとくに何も話さず、相手に気づいてもらうためにどうすればいいか考える (Reserved)

プロセス

1. アセスメントツールを使い、解説および自己分析を行う

2. その後、参加者全員に立ち上がってもらい、それぞれ自分のタイプを線上に立つことで示してもらう

3. ばらつきが大きい項目を選び、参加者にどちらかのチームに所属してもらう（例：「論理的」「直感的」を選んだ場合、全体をこの2つのチームに分ける）

4. それぞれの立場から、「OK」「NG」のコミュニケーションをフリップチャートに書き出してもらう（例：直感的から出てくる「NG」は、「何か提案した時、すぐに根拠は？　数字は？　と理詰めにされるのはイヤ」など）

5. 書き出したものをお互いに発表する

6. お互いの発表を聞いて感じたことなどを全体で共有する

7. ばらつきのあるもの、意見が分かれるものを抽出し、2ラウンド程度続ける

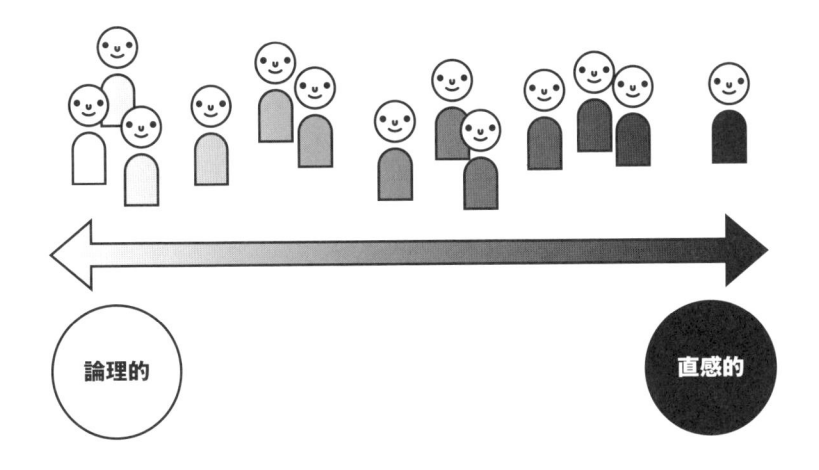

論理的　　　　　　　　　　　　　　　　　　　　　　直感的

インストラクション例

　これからコミュニケーション・スタイルについて考えます。人によってコミュニケーション・スタイルは異なりますが、それがどのように異なるのか、またその違いが何を意味するのかを考えてみましょう。

　まずは、皆さんご自身の好みを認識していただくために、個人ワークを行います。このシートにある説明を読んで、自分自身のスタイルがどちら寄りかを考え、矢印の上に印をつけてください。

（個人ワーク後）

　ありがとうございます。

　では、皆さんが印をつけた場所を、立つ位置で共有していただきます。ワークシートを持って、こちらのスペースにお越しください。「論理的」が窓側、「直感的」が壁側です。印をつけた場所あたりにお立ちいただけますか？

（全項目確認後）

　では、ばらつきが大きかった項目について考察を深めます。

　今回は「論理的」と「直感的」を選びます。「論理的」寄りの方はこちらのフリップチャート、「直感的」寄りの方はそちらのフリップチャートのところにご移動ください。それぞれのスタイルから見た「OK」、つまりこんなコミュニケーションはやりやすい、「NG」、つまりこういうコミュニケーションはやめてほしい、と思うことをブレインストーミングしてリストアップしていってください。

メリット

- ●「自分と他人は違う」ということを、理屈ではなく、体験を通して理解するため、実感できる

- 動きがあるので、エナジャイザーとしての効果もある

1 オープニング

2 クロージング

3 リビジット

4 エナジャイザー

5 その他

バリエーション

人数が10人以上いる場合は、2項目選び、4チームに分かれて行う

注意

- 通常、真逆の意見が出てきて笑いが起きる
- 「異なることは悪いことではない」「スタイルの違いは良し悪しではない」という点をしっかりと伝え、楽しく反対意見が言える雰囲気で行いたい

自分が成長した経験は？

　新しい理論や視点を学ぶ際、自分の経験をベースに積み上げると納得しやすいものです。このアクティビティでは、過去の自分自身の成長経験から、「部下育成には有意義な経験をさせることが大切」というポイントに納得してもらいます。

目的

参加者の過去の経験を研修に活かす

対象テーマ

部下育成、OJT、リーダーシップなどのテーマに向く

対象人数

何人でも可能

＊5〜6人のチームに分かれて行う

時間

10〜15分程度

準備するもの

とくになし

プロセス

1. 各チームでリーダーを決める
2. 今までのキャリアの中で、「あの時は大きく成長した」と思う出来事をチーム内で共有する
3. チーム内で出た経験談の中からキーワードをピックアップし、全体で共有する

4. 講師からの問いかけで考えてもらう

《発表でよく出てくるキーワード》
- はじめてのことにチャレンジした
- 難しい課題に取り組んだ
- 大きな役割を任された
- 失敗から学んだ
- とても良い上司がいて、その人から学んだ

《講師からの問いかけ例》
- 「経験から学んだ」「上司や先輩などほかの人からの指導が良かった」「研修に参加して学んだ」の3つのうち、どれが多かったですか？（通常、「経験から学んだ」が圧倒的に多い）
- 部下育成を考えるとき、上司として部下に「どのような経験をさせるか」がカギになるわけですが、皆さんは部下に成長できる経験の機会を提供できていますか？

インストラクション例

　これから各チームで、皆さんのこれまでの経験を共有していただきます。
　皆さんそれぞれご自身のこれまでのキャリアを振り返って、「今思うと、あのとき自分は大きく成長したな」と感じる出来事を思い出してください。そして、その出来事について、チーム内で共有をお願いします。
　皆さんの共有が終わったら、それぞれのエピソードからキーワードを抽出しておいてください。
　リーダーには、後にそのキーワードを発表していただきます。

- 参加者の過去の経験を肯定するので、「人は経験から学ぶ」という考えを受け入れやすくなる
- 自分の経験に照らし合わせて、上司として何をすべきかイメージしやすい

バリエーション

とくになし

注意

- 経験を語り出すと長くなる人もいるので、タイムマネジメントをしっかりする
- 経験談を話さずにキーワードの抽出を行うと、教科書的・表面的な議論になるので、必ず経験談を具体的に話してもらうよう促す。そうすることで感情との結びつきも生まれるためより効果的

無意識の意識化

　普段何気なく行っていることを、初心者にわかりやすく説明することは難しいものです。無意識で行っていることを意識化することは難しいですし、また抽象的な表現では伝わらなかったり、まったく異なる理解をされたりしてしまうリスクがあるのです。最後に紹介するのは、そうした「無意識の意識化」の難しさを実感してもらうために行うアクティビティです。

目的
自分自身が学習の5段階目（16ページ参照）を実感してもらう

対象テーマ
部下育成、OJTトレーナー研修など、人に何かを教えるスキルの研修に向く

対象人数
何人でも可能

＊5～6人のチームに分かれて行う

時間
15～20分程度

準備するもの
プラスチックのバット（おもちゃのバット）：各チーム1本

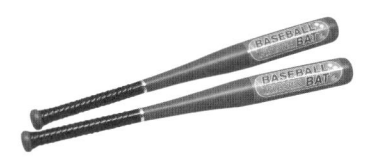

TOEI LIGHT(トーエイライト)
プラスチックバット740 B3747 2本1組
画像提供：トーエイライト株式会社

1. 各チームにバット（プラスチックのおもちゃで可）を1本ずつ配る

2. 「野球を見たことがない宇宙人に、バットの素振りの仕方を説明してください。お手本を見せてはいけません。ジェスチャーなしで、言葉で説明をお願いします。『野球とは』という説明は必要ありません。バットを持って、振るという動作を教えてください。宇宙人には日本語は通じます」という説明をする

3. 考える時間を3分とる

4. 3分経過したら、代表チームを選び、説明をしてもらう。宇宙人役は講師が行い、代表チームの言う通り、文字通りの動作をする

5. 行き詰まったら終了する

6. その後、各チームから宇宙人役を選出し、ほかのチームに行って指示される通りに動いてもらう

7. 終了したら、全体で「無意識で行えることを、初心者にわかりやすく説明することは難しい」ことを確認し、研修内容に関連づけて振り返る

インストラクション例

（アクティビティ前）

　これから、皆さんには宇宙人にバットの素振りの仕方を教えていただきます。

　宇宙人ですが、日本語は話せます。ですが、野球は見たことがありません。バットの素振りの仕方を、口頭で説明するだけで教えてください。お手本を見せたり、ジェスチャーを使ったりしてはいけません。「野球とは」という説明は必要ありません。「素振りの仕方」だけに絞ります。では、チームでどう宇宙人に説明すれば伝わるかを考えてください。

（アクティビティ後）

　日ごろ自分が無意識にやっていることを、初心者に説明する難しさを実感していただけたのではないでしょうか。もちろん、仕事を教えるときはお手本を見せたりしたほうがいいのですが、理路整然と初心者にもわかるように説明するスキル、というのもとても大切です。

メリット

- ●EATのEとして活用できる
- ●納得感があるので、その後の学習が進めやすくなる
- ●指示される通りに「宇宙人」が動くと、意外な動きになって、笑いが起きたりする

バリエーション

おもちゃのバット以外に、下記で代用することもできる

- ・マッチ箱（マッチを取り出して火をつける動作を説明する）
- ・ジャケットを着る（背中合わせなどお互いが見えない状況で、「手に持ったジャケットを着る）ことを説明する）

注意

- ●宇宙人役は、固定観念を取り払い、とにかく「文字通り」の動きをすること（例：机の上に置かれたバットの「下」を持つ、というのは、通常バットを握る場所を指すのではなく、「机に接している面が下」なので、そこを触ってみるなど）
- ●通常、説明がうまくいかず、行き詰まるため、同じチームのメンバーが助け船を出したり、早めに打ち切ったりするなどして、考え込んでどんよりした空気にならないように注意する

••••おわりに••••••••••••••••••••••••••••••

　本書は私が講師歴50年というキャリアの中でデザインしてきた数多くのアクティビティの中でも、とくに良いと思うものの選りすぐりです。

　私が講師としての仕事をし始めた時、私は比較的（いや、おそらくかなり）優れたスピーカーだったと思います。マスタートレーニングアカデミーという組織で、自分でデザインした３週間の研修を担当していました。平均18名くらいで、ほとんどが男性、35〜50歳の方々が参加する研修です。研修は毎日10時間あり、参加者はその会社の営業研修とマネジメント研修のディストリビューターとしての認定を受けるために、１人360万円（当時の換算レートで）支払って参加していました。

　当時私は22歳の若僧でしたが、その会社ではトップセールスマンであり、優秀なトレーナーでした。ですので、参加者からの信頼は得ていました。

　３週間の研修に盛り込んでいたのは、プレゼンテーションスキル、研修講師としてのスキル、顧客の開拓やアポイントの取り方などディストリビュータービジネスの進め方などでした。

　私はそれまでの自身の成功体験やほかの優秀なディストリビューターから学んだことを活かし、その研修を３ヶ月かけてデザインしました。基本的には45〜60分のエネルギーあふれる講義のあと、ペアやグループで自由に学びを共有する時間を設けていました。

　最初は順調に進んでいるようでしたが、１週目が終わる頃には、参加者が情報量に圧倒され、また、ずっと同じ進め方が続くことに飽き、疲れきっている様子でした。そこで、２週目は何か変化をつけなければ、と思いました。

　念のための確認ですが、参加者の皆さんは、とてもモチベーションが高く、ビジネスで成功したいと思っている人たちです。ですが、研修のデザインがその気持ちに応えていなかったのです。

　そこで私は週末に２週目のデザインを変更しました。その時に思い出し

たのが、教会の日曜スクールで小学5年生を教えた経験でした。もちろん小学生相手に講義をし続けることはしません。そこで私は、講義の時間にアクティビティを考えて盛り込み、研修が双方向になるようにしたのです。学びを共有していた時間は、グループ分けをして点数を記録していくようなしくみも考えました。

　結果は明白でした。1日10時間という長さは同じでしたが、2週目が終わる時には、2週目の始まりよりはるかにエネルギーレベルが上がっていました。そこで3週目も同様にデザインを変更しました。結果は素晴らしいものでした。3週目終了時には、各参加者はしっかりとしたビジネスプランや今後のアクションプランができていて、見込み客が100、研修の翌週にはアポイントがすでに6〜8件取れているという状態になっていました。

　私がそこから学んだことは次の通りです。

1. 講義はもっとも準備に手がかからない方法かもしれないが、知識やスキルの習得、さらには参加者が自信をつけるために、もっとも効果的な方法ではない
2. 優れたアクティビティを盛り込むことで、研修内容をより短時間で学んでもらうことができ、記憶や実践にもつながり、参加者のモチベーションを保つことができる
3. 優れたアクティビティをひとつ作成したら、それを使い続けることもできるが、やがて講師が飽きてしまい、参加者にもそれが伝わる

　私たちは、講師として常に自分に対するチャレンジを続け、改善・改良し続け、新しいアクティビティを作成し、試し続ける必要があります。

　私は自分のキャリアを通してずっと、同じ内容を2〜3パターンの異なった方法で教えることはできないか考えるよう、ほかの講師に問いかけ続けています。そうすることで講師自身が、そして参加者も学びに新鮮さを保つことができるからです。

本書は中村と私自身のそうした探求が生んだものです。皆さんにとってもパワフルで結果につながるアクティビティとして活用していただけるよう願っています。

ではまたお会いする日まで、違いを生み、成果を出し続けていてください。

God bless you
Bob Pike

2017年に『講師・インストラクターハンドブック』、2018年に『研修デザインハンドブック』、そしてこの度、本書をお届けする機会をいただけましたこと、心より感謝申し上げます。「アクティビティのネタ本があればなぁ……」「ボブのアクティビティの本は全部英語ですよね……」というお声はずっと以前からいただいていたので、ようやく日本語で、日本の研修の場に合った本の出版が実現したことを嬉しく思うと同時に、本書が、皆さまのお役に立つことができれば幸甚です。これまで同様、自身の著書を日本での出版に活用することを全面的に快諾してくれたボブのおかげで実現しました。

今回も引き続き、素晴らしい編集で素材を本として仕上げてくださった、日本能率協会マネジメントセンターの柏原里美さん、本当にありがとうございました。そして3作目もとても読みやすく素敵なデザインをしてくださった、デザイナーの玉村幸子さん、ありがとうございます。またこれまでの2冊や研修で学び、実践して成果を出し、フィードバックや励ましを送ってくださる講師・教員の皆さま、いつもありがとうございます。そして、最後に、いつも温かく楽しく支えてくれる家族（夫と犬たち）にも心から感謝の気持ちを述べたいと思います。いつもありがとう！

2019年3月
中村文子

参考文献

- 『アクション・ラーニング』（デービッド・A.ガービン著、沢崎冬日翻訳、ダイヤモンド社）
- 『クリエイティブ・トレーニング・テクニック・ハンドブック』（ロバート・パイク著、中村文子監訳、藤原るみ翻訳、日本能率協会マネジメントセンター）
- 『研修開発入門〜会社で「教える」、競争優位を「つくる」』（中原淳著、ダイヤモンド社）
- 『研修講師養成講座』（真田茂人著、中央経済社）
- 『研修効果測定の基本〜エバリュエーションの詳細マニュアル〜（ASTDグローバルベーシックシリーズ）』（ドナルド・マケイン著、霜山元翻訳、ヒューマンバリュー）
- 『研修設計マニュアル〜人材育成のためのインストラクショナルデザイン〜』（鈴木克明著、北大路書房）
- 『研修デザインハンドブック』（中村文子、ボブ・パイク著、日本能率協会マネジメントセンター）
- 『研修プログラム開発の基本 〜トレーニングのデザインからデリバリーまで〜（ASTDグローバルベーシックシリーズ）』（サウル・カーライナー著、下山博志監修他、ヒューマンバリュー）
- 『講師・インストラクターハンドブック』（中村文子、ボブ・パイク著、日本能率協会マネジメントセンター）
- 『コンピテンシーを活用したトレーニングの基本〜効率的な事業運営に役立つ研修開発の実践ガイド〜（ATD/ASTDグローバルベーシックシリーズ）』（ウィリアム・ロスウェル／ジェームズ・グラバー著、平田謙次監修他、ヒューマンバリュー）
- 『新選教育研修ゲーム』（田中久夫著、日本経団連出版）
- 『すべてはあなたが選択している』（ウィル・シュッツ著、翔泳社）
- 『組織・人材開発を促進する教育研修ファシリテーター』（堀公俊／加留部貴行著、日本経済新聞出版社）
- 『組織における成人学習の基本〜成人の特徴を理解し、主体的な学習を支援する〜（ATD/ASTDグローバルベーシックシリーズ）』（ウィリアム・ロスウェル著、嶋村伸明翻訳、ヒューマンバリュー）
- 『ブレイン・ルール』（ジョン・メディナ著、小野木明恵翻訳、日本放送出版協会）
- 『プロ研修講師の教える技術』（寺沢俊哉著、ディスカヴァー・トゥエンティワン）
- 『ラーニング・ファシリテーションの基本 〜参加者中心の学びを支援する理論と実践〜（ATD/ASTDグローバルベーシックシリーズ）』（ドナルド・マケイン／デボラ・デイビス・トビー 著、香取一昭翻訳、ヒューマンバリュー）
- 『リーダーシップ開発の基本〜効果的なリーダー育成プログラムを作る〜（ASTDグ

ローバルベーシックシリーズ)』（カレン・ローソン著、永禮弘之監修、長尾朋子翻訳）

- 50 Creative Training Closers, Bob Pike, Lynn Solem
- 50 Creative Training Openers and Energizers, Bob Pike, Lynn Solem
- Brain-Based Learning: The New Paradigm of Teaching, Eric P. Jensen, Corwin
- Brain Power: Unlock the Power of Your Mind, J.Graham Beaumont , Grange Books Ltd
- Designing Brain-Compatible Learning, Gayle H. Gregory, Terence Parry, Corwin
- Evidence-Based Training Methods: A Guide for Training Professionals, Ruth Colvin Clark, AST
- How Learning Works: Seven Research-Based Principles for Smart Teaching, Susan A. Ambrose, Michael W. Bridges, Michele DiPietro, Marsha C. Lovett, Marie K. Norman, Jossey-Bass
- How People Learn: Brain, Mind, Experience, and School: Expanded Edition, Bransford, John D , Brown, Ann L. , and Cocking, Rodney R. Editors, National Academy Press
- How the Brain Learns 4th Edition, David A. Sousa, Corwin
- Human Learning and Memory, David A. Lieberman, Cambridge University Press
- Learner-Centered Teaching: Five Key Changes to Practice 2nd Edition, Maryellen Weimer, Jossey-Bass
- Master Trainer Handbook: Tips, Tactics, and How-Tos for Delivering Effective Instructor-Led, Participant-Centered Training
- Mind, Brain, & Education: Neuroscience Implications for the Classroom, David A. Sousa, Editor, Solution Tree
- Mind, Brain, and Education Science: A Comprehensive Guide to the New Brain-Based Teaching, Tracey Tokuhama-Espinosa, W. W. Norton & Company
- Memory, Mind & Emotions, Ph.D. Maggie Greenwood-Robinson, Rodale Press
- Powerful Presentations Volume 1, Bob Pike, Betsy Allen
- Powerful Presentations Volume 2, Bob Pike, Betsy Allen
- SCORE2, Rich Meiss, Bob Pike
- SCORE3, Becky Pike Pluth; Rich Meiss; Karen Carlson; Scott Enebo;

Janice Horne; Ayako Nakamura; Bob Pike; Jaime Pylant; Marc Ratcliffe; Adrianne Roggenbuck; Priscilla Shumway

- Soundtracks for Learning: Using Music in the Classroom, Chris Boyd Brewer, LifeSounds Educational Services
- A Taxonomy for Learning, Teaching, and Assessing, : A Revision of Bloom's Taxonomy of Educational Objectives, Complete Edition, Lorin W. Anderson, Addison Wesley
- Teaching to the Brain's Natural Learning Systems, Barbara K. Given, Association for Supervision & Curriculum Development
- Ten Best Teaching Practices: How Brain Research and Learning Styles Define Teaching Competencies, Donna E. Walker Tileston, Corwin
- The Great Memory Book, Karen Markowitz , Eric P. Jensen, Corwin
- The Jossey-Bass Reader on the Brain and Learning, kurt W. Fischer editor, Jossey-Bass
- The Learning Brain : Lessons for Education, Sarah-Jayne Blakemor, Uta Frith, Blackwell
- The New Science of Learning: How to Learn in Harmony With Your Brain, Terry Doyle, Todd Zakrajsek, Stylus Publishing
- The Working Memory Advantage, Tracy Alloway, Ross Alloway, Simon & Schuster
- Tuning the Human Instrument: An Owner's Manual, Steven Halpern, Spectrum Research Institute
- Unlimited Memory: How to Use Advanced Learning Strategies to Learn Faster, Remember More and be More Productive, Kevin Horsley, TCK Publishing
- Use Both Sides of your Brain, Tony Buzan, Plume

●中村文子

ダイナミックヒューマンキャピタル株式会社　代表取締役
ボブ・パイク・グループ認定マスタートレーナー

神戸市外国語大学を卒業。P&G、ヒルトンホテルにて人材・組織開発を担当後、2005年にダイナミックヒューマンキャピタルを設立。クライアントは製薬、電機メーカー、保険・金融、ホテル、販売・サービス業、さらには大学・学校と多岐にわたる。「世の中から、退屈で身にならない研修を減らす」ことをミッションに、講師・インストラクター・社内講師養成、研修内製化支援に注力。教育制度構築、階層別研修、コミュニケーションスキル研修などの分野でも活動中。著書に『講師・インストラクターハンドブック』『研修デザインハンドブック』（いずれも日本能率協会マネジメントセンター）、「SCORE! Super Closers, Openers, Revisiters, Energizers Vol. 3」（共著、Creative Training Productions LLC）。

●ボブ・パイク　Bob Pike

ボブ・パイク・グループ創設者・元会長

「参加者主体」の研修手法についての著書『クリエイティブ・トレーニング・テクニック・ハンドブック　第3版』（日本能率協会マネジメントセンター刊、現「Master Trainer Handbook」）は講師養成の分野でのベストセラー。ほかにも20冊以上の著書をもつ。「参加者主体」の研修手法は全世界30か国以上で12万人以上が受講している。アメリカで優れたスピーカーに与えられる称号CSP（Certified Speaking Professional）をもち、人材開発の世界的機関ATD（Association for Talent Development）ではレジェンダリー・スピーカーとして称えられている。人材開発、講師養成の分野で50年の経験をもち、2007年には、人材育成分野でもっとも影響を与えたリーダーに贈られる賞を受賞している。

研修アクティビティハンドブック

2019年3月30日　　　初版第1刷発行

著　　者──中村文子、ボブ・パイク
　　　　　　©2019 Ayako Nakamura, Bob Pike
発 行 者──張 士洛
発 行 所──日本能率協会マネジメントセンター
〒103-6009　東京都中央区日本橋 2-7-1 東京日本橋タワー
TEL　03(6362)4339(編集)／03(6362)4558(販売)
FAX　03(3272)8128(編集)／03(3272)8127(販売)
http://www.jmam.co.jp/

装丁, 本文デザイン──玉村幸子
Ｄ Ｔ Ｐ────────株式会社明昌堂
イラスト────────玉村幸子
印 刷 所────────広研印刷株式会社
製 本 所────────株式会社宮本製本所

ISBN 978-4-8207-2709-5　C2034
落丁・乱丁はおとりかえします。
PRINTED IN JAPAN

研修&セミナーで教える人のための
クリエイティブ・トレーニング・
テクニック・ハンドブック［第3版］

ロバート・パイク著、中村文子監訳、藤原るみ訳

◉ 世界30カ国で愛読される「トレーナー養成」のバイブル
◉ 記憶保持率90％アップ、実践度70％アップ！
　世界中で効果を誇るトレーニングテクニック

これまでの一方通行の「講義型」の研修やセミナーを参加者が積極的に参加する「参画型」に変えることで、学習効果は飛躍的に高まります。参加者主体の研修手法を網羅した「教える人」必携のバイブル。

A5判424頁

日本能率協会マネジメントセンター

講師・インストラクター ハンドブック

効果的な学びをつくる参加者主体の研修デザイン

中村文子著、ボブ・パイク著

● 誰かに何かを「教える」立場にあるすべての人へ
● 退屈な研修を実践的な学びに変える！
● 講師・インストラクターに必要なスキルを網羅

世界30カ国12万人が学んだ「参加者主体の研修手法」をベースに、学習効果を最大化させるために必要な知識・スキル（インストラクショナルデザイン、デリバリー、ファシリテーションのテクニック）を紹介します。

A5判336頁

日本能率協会マネジメントセンター

研修デザインハンドブック

学習効果を飛躍的に高める
インストラクショナルデザイン入門

中村文子 著、ボブ・パイク 著

- ◉ インストラクショナルデザインで主体的な学びを設計する!
- ◉ 8つのステップで効果的な研修を組み立てる
- ◉ 今日から使えるワークシート付き

インストラクショナルデザインの基本をまとめた本書。ニーズ分析、参加者分析、研修コンテンツ、フォローアップや効果測定のデザインなど8つのステップで効果的な研修をデザインしていきます。

A5判344頁

日本能率協会マネジメントセンター